KB237102

세로토닌하라!
HERE&NOW

세로토닌하라!

사람은 감정에 따라 움직이고
HERE & NOW
감정은 뇌에 따라 움직인다

|정신과 전문의 **이시형** 박사 지음|

중앙books

사람을 움직이는 건 뇌다

이런 차를 본 적이 있습니까? 10년도 넘었는데 보기에도 멀쩡하고 성능도 쌩쌩합니다. 그런가 하면 1년도 안 된 새 차인데 고물차보다 더 덜컹거리고 성능도 엉망인 차가 있습니다.

왜 이런 차이가 날까요? 한마디로 주인이 다르기 때문입니다. 10년을 하루같이 매일 가꾸고 손질하고 정비를 잘한 차는 어떤 악조건에서도 잘 달립니다. 튜닝을 잘해 왔다는 뜻이지요. 그러기 위해선 차의 구조에서 성능까지 잘 알아야 합니다. 정비사 못지않은 지식을 갖추어야 합니다. 어느 차량 정비소에는 다음과 같은 가격표가 붙어 있다고 합니다.

차량 정비 시간당 10달러

옆에서 지켜보면 15달러

거들어 주신다면 20달러

엔진을 모르거든 그냥 전문가에게 맡겨 놓고 가란 뜻이겠지요.

사람 뇌는 어떨까요? 사람의 뇌도 잘 알고 적절한 튜닝을 잘해야 기능을 100퍼센트 발휘할 수 있습니다. 차야 맡겨 놓고 갈 수도 있고, 정 안 되면 갈아치울 수도 있습니다. 두뇌는 그럴 수 없다는 게 문제입니다. 하지만 고맙게도 잘 관리하고 단련하면 세월이 갈수록 성능이 더 좋아지는 게 또한 사람 뇌입니다. 머리는 타고나는 것이 아니라 가꾸는 것이지요.

자동차 한 대의 부속은 이만오천 개 정도지만, 뇌 속 뉴런은 무려 천억 개. 그 하나하나마다 수백만 배로 이어지는 회로의 수는 천문학적입니다. 그만큼 섬세하고 놀라운 기관입니다. 그걸 가꾸려면 스스로 전문가가 되어야겠지요. 대체 어떻게? 생각보다 어렵지 않습니다. 이제부터 그 방법을 알려 드리지요.

| 머리는 타고나는 것이 아니라 가꾸는 것

열쇠는 신피질의 전두엽, 특히 전두전야에 있습니다. 여기가 모든 인간 행동의 총사령부지요. 뇌 속에 복잡 다양하게 얽혀 있는 수많은 회로나 다른 부위들을 이곳에서 제어합니다. 뇌 과학에선 이를 '실행 제어 Executive Control'라 부릅니다. 쉽게 말해서 뇌를 가꾸고 튜닝하는 기술입니다. 여기가 잘 기능해야 우리도 인생 가도를 성공적으로 달릴 수 있습니다.

전두전야는 인간이 인간다울 수 있는 최고 사령부입니다. 첫째로 중요한 기능이 '조절력'입니다. 우리는 당장 내 마음 하나 조절하지 못합니다. 금연! 이것 하나 내 마음대로 안 되지요. 결심하는 것도 큰일이지만 진짜 문제는 그 후입니다. 작심삼일, 결국 포기. '난 안 돼!'라며 실망하고 좌절합니다.

"금연? 그게 뭐가 그리 힘들어? 난 백번도 더 해 봤다."

마크 트웨인은 이렇게 익살을 떨었다지요. 이런 여유와 배포라도 있으면 좋으련만, 그나마도 안 되는 게 소시민의 일상입니다.

담배뿐인가요? 술 좀 줄여야지, 영어 공부 좀 해야지……. 독하게 마음먹었는데도 왜 안 될까요? '내일부터……'하는 게으름? '이러면 안 되는데……' 하는 나약함? 아니면 우유부단함? 많은 구실이 있지만 여기엔 공통점이 있습니다. 머리로는 알겠는데 마음이 안 따라 주는 것, 즉 조절력 부족입니다. 그러나 사소한 유혹에 넘어가지 않도록, 충동적으로 일을 그르치지 않도록 마음의 균형을 잡는다면 이야기는 달라집니다.

'그게 뭐 그리 힘들어? 독한 마음만 먹으면 될 일이지.'

혹시 이렇게 생각합니까? 천만의 말씀. 열심히 한다고 다 되면 성공 못할 사람이 없지요.

우겨다짐으로 막 밀어붙인다고 될 일이 아닙니다. 굳은 의지만으로도 안 됩니다. 뇌를 알아야 합니다. 뇌에서 무슨 일이 일어나고 있기에 그러는지 정확히 알고, 현명하게 대응해야 합니다.

마음이 왜 안 따라 주는가? 우선 '해야 한다'는 전두전야와 '싫다'는 편도체 사이에 갈등이 일어나기 때문입니다. 이성을 관장하는 전두전야는 '이제는 변해야 해!'라고 생각합니다. 그러나 편도체는 '싫어, 두려워!'라며 반발합니다. 갑작스러운 변화를 위험으로 간주하는 거지요. 이건 생명 보존을 위한 본능적 방어입니다. 위험은 피해야지요. 그래서 편도체는 자꾸 반대하는 신호를 보냅니다.

딱하게도 이 싸움은 대부분 전두엽의 패배로 끝납니다. 동물적 감정 체계는 '싫은 건 싫은 것'입니다. 아무리 전두엽에서 하자고 해도 편도체가 반발하면 이길 수 없습니다. 이성적 판단이 본능을 이길 수 없기 때문입니다.

그렇다면 결론은? 편도체를 잘 다스려야 하겠지요. 우리 인간 뇌속에 이런 동물적인 뇌 부위가 있다는 사실부터 인정하고 잘 조절해야 합니다. 한 걸음 더 나아가, 편도체도 신이 나서 협력을 잘하는 단계로 넘어가야 합니다. 이렇게만 된다면 우리는 정말이지 못할 일이 없습니다.

| '전두엽의 의욕×측두엽의 경험'

다음, 전두전야에서 빼놓을 수 없는 중요한 기능이 '의욕'입니다. 의욕 중추는 전두엽의 측좌핵에 있습니다. 여기가 활발해야 생기발랄하고, 도전적이며, 미래 지향적이고, 어떤 역경에도 일어설 수 있는 저력이 생깁니다. 창조적 일을 시작할 때 나도 모르게 몰입하게 만드는 '작업 흥분', 일을 효율적으로 하게 도와주는 '작업 기억'도 물론 전두엽의 소관입니다.

창조는 '전두엽의 의욕 X 측두엽의 경험'으로 산출됩니다. 창조를 위해선 이 둘 사이의 회로를 강화해야 합니다. 자주 쓸수록 이 회로가 단련이 되며 굵어집니다. 이게 창조의 기틀이지요.

사람들은 창조라면 지레 겁을 먹습니다. 천재나 별난 인재가 하는 것이라는 선입견도 갖고 있습니다.

하지만 최근 경제 불황 속에서도 한국의 자존심을 지키는 현대자동차를 봅시다. 누가 주역입니까? 모든 임직원, 그리고 삼만 개가 넘는 부품 공장 사원들의 작은 창의적 아이디어들이 쌓여 세계적 명차를 만들어 내는 것입니다. 많은 사람의 작은 창조적 개선이 쌓여 일궈 낸 '개미 군단'의 개가지요. 한 사람의 천재 슈퍼스타가 끌고 가는 구미 발전 모델과는 이 점에서 확연히 다릅니다. 이 차이가 바로 자연 과학 부문 노벨상 하나 없는 나라가 한강의 기적을 일구어 낸 원동력이지요. 당신이라고 예외일 리 없습니다.

역사적으로도 우리는 역경에 강한 민족입니다. 우리는 겁이 없습니다. 끝없는 도전, '용기의 회로'가 풀가동되었습니다. 실패도 많았지요. 하지만 굴하지 않았습니다. 반드시 이루어 낼 것이라는 자신감과 낙천성이 뒷받침하고 있기 때문입니다. 그러곤 끝내 성공으로 연결해 냈지요.

뇌 과학에선 이를 '낙관 회로'라 부릅니다. 낙관 회로를 가진 사람들은 일이 닥쳤을 때 긍정적으로 반응합니다. '두렵지만 할 수 있다'고 의욕이 생깁니다. 그리고 작은 성공을 이룹니다. 성공은 기쁩니다. 뇌도 그 쾌감을 기억하지요. 그리고 다음에 또 도전할 일이 생기면 이젠 겁내지 않습니다. 전두전야에선 밝고 긍정적인 무드가 넘쳐 납니다.

비관 회로와는 너무나 대조적입니다. 뭘 해 보기도 전에 '안 돼, 난 못할 거야'라고 생각하는 사람들은 열정이나 의지가 생겨날 리 없습니다. 억지로 해 봐야 실패합니다. 이 작은 실패가 뇌 속에 '역시 난 안 돼'라는 기억으로 남습니다. 뭘 해도 실패할 수밖에 없습니다. 여기가 인생 성패의 갈림길입니다.

| 감정 조절의 열쇠, 세로토닌

이처럼 마음을 조절하는 일이 말은 쉽지만 사실 간단한 일은 아 닙니다. 좋은 일을 하려 해도 반발 세력이 있고 나쁜 충동의 유혹도 만만치 않습니다.

'인간은 이성적이다.'

우리는 이를 금과옥조처럼 믿고 있습니다. 플라톤과 데카르트 사상도, 근대 경제학과 인지 과학의 세계도 이 원칙 위에 서 있습니다.

하지만 이건 틀린 생각이라는 걸 최근 뇌 과학은 밝히고 있습니다. 사람이 결단을 내릴 때 뇌 속엔 감정의 홍수가 일어납니다. 특히 위험 상황이 닥칠 때는 누구나 공포 회로가 자동적으로 반응하게 되어 있습니다. 이런 상황에도 침착하게 이성적 판단을 할 수 있는 사람은 그리 많지 않습니다.

그러나 없지도 않습니다. 여기가 갈림길입니다. 어떻게 그런 위급

한 상황에 이성적 판단이 가능할까요? 한마디로 '본능적 감정과 전두전야의 이성적·의도적 과정 사이의 균형'입니다. 이게 결정적 요인입니다.

이럴 때 강력한 지원군이 있습니다. 바로 뇌 속의 신경 전달 물질, 세로토닌이지요. 전두전야의 조절 능력을 키우는 데 결정적 역할을 합니다.

전두엽 제어 기능이 통제 불능 상태에 빠지면 완전히 이성이 마비되어 끔찍한 일이 벌어집니다. 이럴 때의 지원군이 세로토닌. 그 탁월한 조절 기능으로 평상심을 되찾고 이성적 판단을 할 수 있게 해 줍니다. 충동이나 공격성을 불러일으키는 노르아드레날린과, 강한 쾌감을 동반하지만 중독 위험이 있는 도파민 및 엔도르핀의 폭주를 조절해 줍니다.

물론 이 둘은 적당한 시기에 적당한 수준에선 없으면 안 될 귀중한 물질이지만, 과하면 안 됩니다. 이때 해결사가 세로토닌입니다. 조절력의 핵심이자 감정 조절의 열쇠인 것입니다. 이건 마치 자동차의 윤활유와 같은 역할을 합니다.

문제는 세로토닌이 워낙 예민하고 귀한 물질이어서 분비량이나 지속 시간이 넉넉지 않다는 점입니다. 특히 오늘을 사는 한국인에겐 절대 부족하지요. 이 상태로는 세로토닌을 제대로 활용할 수도 없고, 조절력을 기를 수도 없습니다. 충동적이고 거친 성격만 강해지는 것입니다.

'세로토닌 결핍 증후군.'

이게 오늘날 한국 사회의 정신 병리를 만드는 최고의 원흉입니다.

결론은 자명합니다. 어떻게든 세로토닌 신경을 활성화해야 합니다. 그리 어려운 일도 아닙니다. 우리 일상에서 충분히 가능한 일들입니다. 다만 이를 체계적으로 다듬어 보다 효율적인 방법을 모색해 보자는 것입니다.

전두전야는 한마디로 오케스트라의 지휘자. 완벽한 조율로 아름다운 균형과 조화를 연출해 냅니다. 참으로 놀랍고도 신비스럽지요. 어떤 데이터도 처리할 수 있고 어떤 조건에도 기능할 수 있는 응용력과 융통성이 탁월합니다.

뇌 과학에선 이를 '만능 대응력'이라 부릅니다. 전두전야의 신비스러운 기능은 이러한 융통성에 기인합니다. 이 기능이 난조에 빠지면 정신 분열병과 다를 바 없이 됩니다. 전두엽 관리를 잘해야 하는 이유가 여기 있습니다. 여기서 한발 더 나아가 뇌의 능력이 최대한 발휘될 수 있도록 하자는 게 이 책의 취지입니다.

| 믿을 건 내 머리뿐이다

궁극적으로 전두전야는 행복의 보금자리입니다. 행복 중추는 전두엽 좌측에 있습니다. 전두전야를 잘 관리한 사람의 주위엔 밝고 행복한 기운이 감돕니다. 절로 사람이 몰립니다.

뇌가 잘 길들여지면 생각도 잘 돌아가지만 신체의 여러 장기도 잘 돌아갑니다. 스트레스에 잘 대처할 수 있고 호르몬도 균형을 잡기 때문이지요. 변비나 설사도 없어지고 피부엔 탄력과 윤기가 생깁니다. 이게 내적인 미(美), 즉 '이너 뷰티 Inner Beauty'라 부르는 의학적 효과입니다.

이런 사람이 건강하지 않다면 그건 비정상입니다. 우리 몸에는 심신의 건강을 지켜 주는 시스템이 갖추어져 있습니다. 바로 세로토닌 신경이지요. 건강체는 세로토닌이 만든다는 사실, 이 책을 읽은 후에는 독자들도 놀라지 않을 것입니다.

여기까지 쓰고 보니 21세기형 인간상은 세로토닌형 인간이라는 결론이 나옵니다. 전두전야의 중요한 3대 기능인 조절, 창조, 행복이 모두 세로토닌의 기능 그대로인 것은 우연이 아니지요. 이 책은 조절력의 열쇠인 세로토닌을 늘리는 방법을 알려 줄 것입니다. 이를 통해 창조적 문제 해결력을 높이고, 낙관 회로를 강화시키며, 스트레스에 대처하는 방법도 쉽게 알 수 있을 것입니다.

내가 이 책을 쓰게 된 궁극적인 목적은 여러분이 전두전야를 제대로 조정하고 관리함으로써 어떤 문제 상황에도 유연하게 대처할 수 있는 힘, 즉 당신도 몰랐던 창조력을 발휘하도록 돕기 위해서입니다. 이 창조력이 21세기를 사는 당신에게 가장 큰 무기가 되어 줄 것입니다.

지식 산업, 정보화 시대, 그리고 한 치 앞을 내다볼 수 없는 불확실의 시대, 믿을 건 내 머리뿐입니다. 어떤 시대, 어떤 상황에서도 출격할 수 있는 전천후 요격기가 되어야 합니다. 그렇게 될 수 있습니다. 뇌는 달라질 수 있습니다.

현재에 안주한 채 아무것도 시도하지 않는 사람에게 미래는 없습니다. 지금까지 수많은 시도를 해 왔지만 별로 변하는 게 없었다면, 이번엔 방법을 바꿔 봅시다. 이 책이 도와줄 것입니다. 그러니 도전을 멈추지 마십시오.

'뇌는 언제나 스스로를 향상시킨다.'

이게 뇌 과학의 결론입니다. 뇌는 현명합니다. 내가 생각하는 것 이상으로 많은 걸 알고 있습니다. 어떤 상황에서도 현명한 답을 도출해 냅니다. 이걸 믿어야 합니다.

꾸준한 실천, 현명한 전략으로 뇌가, 그리고 우리 인생이 달라질 수 있습니다.

졸저가 세상에 나오기까지 참 많은 우여곡절이 있었습니다. 그때마다 여러분들의 따듯한 격려와 도움은 제게 큰 힘이 되었습니다. 무엇보다 힐리언스 선마을과 사단법인 세로토닌문화, 그리고 최근에는 뉴로세로토닌연구원의 동료 여러분께 깊은 감사 드립니다. 이분들의 헌신과 노고가 없었다면 세로토닌 문화 운동이 지금처럼 우리 사회에 뿌리내리기는 어려웠을 것입니다.

또한 일본 토호대 아리타 교수께도 특별한 감사를 전합니다. 그의 친절한 가르침과 탁월한 연구 업적이 없었다면 이 책은 탄생하지 못했을 것입니다. 아리타 교수는 한국 독자들을 위해 직접 추천사까지 써 주셨으니, 제게는 더없는 영광이자 큰 행운입니다.

끝으로 초판 발간 당시 원고 정리와 편집 과정에 정성을 다해 주셨던 중앙북스와 당시 담당자 여러분의 노고에도 고마움을 전합니다. 덕분에 이 책은 지난 15년간 꾸준히 독자들을 만나왔고 이렇게 15주년 기념판이라는 뜻깊은 결실로 다시 독자 앞에 설 수 있게 되었습니다.

다시 한번, 이 책의 오랜 생명력을 가능하게 해주신 모든 분들께 깊은 감사를 드립니다.

2025년

이시형

: 차례 :

프롤로그 - 사람을 움직이는 건 뇌다 5

들어가기 전에 - 당신의 자기조절력은 몇 점인가? 20

: 1장 :
당신의 마음이 마음대로 안 되는 이유

성격이 운명을 결정한다 27

마음을 결정하는 3가지 뇌 내 물질 32

세로토닌이 우리를 구원할 거야 39

먼저 물어라, 어디로 무엇을 위해 뛰는가 45

누구나 '열심히' 는 한다 52

쉬어 갈 줄 아는 용기 58

: 2장 :

간절히 원하면 이뤄지는 뇌과학 기전

전두엽을 주목하라! 71

당신의 뇌가 도와줄 것이다 77

위기를 돌파하는 힘, '리질리언스' 키우기 82

남 탓보다 내 탓이 더 위험하다 87

낙관 회로가 만들어 내는 놀라운 긍정의 마법 91

습관을 바꾸고 미래를 바꾸는 뇌 과학의 힘 94

: 3장 :

소리 없이 강한 나를 만드는 세로토닌 이펙트

'습관성 경쟁 강박증'은 위험하다 105

'오기 발동'을 버려라 111

조절력으로 무장한 세로토닌형 인간 118

세로토닌형 인간의 8가지 특징 127

첫째, 합리적으로 조절한다 • 둘째, 무섭게 집중한다 • 셋째, 목표가 분명하다 • 넷째, 쓰라린 경험에서 교훈을 얻는다 • 다섯째, 우뇌형이다 • 여섯째, 사람 냄새가 난다 • 일곱째, 베풀어 행복하다 • 여덟째, 자연 친화성 지능이 높다

4장

잠재 능력 200% 올려 주는
전두엽 만들기 10계명

첫째, 눈물이 나도록 감동하라 155

둘째, 일단 시작해 보는 거다 159

셋째, 아침 1시간이 운명을 가른다 162

넷째, 책과 함께 있으면 행운이 따라온다 166

다섯째, '당사자 의식'을 가져라 170

여섯째, 함께 어울리되 혼자서도 행복하라 174

일곱째, 물고기 한 마리에도 고래를 잡은 듯 177

여덟째, 그래도 웃자 181

아홉째, 감사가 가장 강력한 치유제다 184

열째, 머리가 아닌 가슴으로 느껴라 187

: 5장 :

걷고, 생각하고, 뇌를 깨워라

스트레스로 약해져 가는 전두엽을 살리려면 197

걸으며 문제를 해결하는 '소크라테스 워킹' 204

내 편으로 만들려면 함께 걸어라 209

지하철 경로석을 반대한다 212

'30분씩 100일의 노력' 218

발로 뇌를 자극하는 걷기의 과학 228

에필로그 - 행복해지려면 먼저 버려라 236

추천사 - 세로토닌적으로 산다는 것 240

: 당신의 자기조절력은 몇 점인가? :

다음 리스트를 보고 나의 자기조절력 지수는 어느 정도인지 체크해 보자. 이 체크리스트는 우리가 평소에 얼마나 스스로의 감정을 조절하며 사는지를 측정하는 표다. 지난 1달 간 해당 사항이 없었다면 0점, 1~2회였다면 1점, 3회 이상이었다면 2점이다. 만점은 40점이다.

	없다 (0점)	1~2회 (1점)	3회 이상 (2점)
1. 버스가 늦거나 사람이 많아 그냥 택시를 잡았다	☐	☐	☐
2. 낮에 일어난 언짢은 일 때문에 잠이 오지 않았다	☐	☐	☐
3. 말을 꺼내 놓고 금세 후회했다	☐	☐	☐
4. 담배, 커피 등 끊어야겠다고 생각한 것들을 다시 시작했다	☐	☐	☐
5. 스트레스를 참지 못해 자리를 박차고 일어섰다	☐	☐	☐
6. 식당에 갔는데 서비스가 마음에 안 들어 그냥 나왔다	☐	☐	☐
7. 우울한 기분이 이틀 이상 계속되었다	☐	☐	☐
8. 마음에 걸리는 일이 있어 일이 손에 잡히지 않았다	☐	☐	☐
9. 이유 없이 미적미적하다가 약속 시간에 늦었다	☐	☐	☐
10. 술을 마시고 이유 없이 울었다	☐	☐	☐
11. 누군가의 말에 욱해서 되받아쳤다	☐	☐	☐
12. 누군가를 상대하기가 어색해서 피했다	☐	☐	☐
13. 시간에 쫓겨 새치기나 얌체 운전을 했다	☐	☐	☐
14. 동료의 일 처리가 늦어 화가 났다	☐	☐	☐
15. 일하려고 책상에 앉았다가 10분 후에 딴짓을 했다	☐	☐	☐
16. 그만 먹겠다고 생각하면서 계속 먹었다	☐	☐	☐
17. 상대가 말하는 도중에 끼어들어 내 의견을 말했다	☐	☐	☐
18. 가족들의 잔소리에 화를 냈다	☐	☐	☐
19. 술자리에서 그만 가야겠다고 생각하면서 그러지 못했다	☐	☐	☐
20. 이유 없이 짜증 나는 날이 있었다	☐	☐	☐
점수 합계			

이제 결과를 살펴보자. 점수가 높을수록 스스로의 감정을 조절하는 기술이 부족함을 나타
낸다. 당신은 아래 항목 중에서 어디에 해당되는가?

이 표는 나의 오랜 임상 경험을 토대로 작성한 것이다. 결과를 너무 심각하게 받아들일 필
요는 없다. 최근 내 상태를 파악한다는 가벼운 마음으로 읽어 주기 바란다.

이런 것들이 뇌 활동과 무슨 관계가 있느냐고? 질문지를 다시 한 번 살펴보라. 대부분 스스
로의 감정을 다스리지 못할 때 하는 행동들이다. 일상생활에서 '자기조절력'이 부족하다는
뜻이다. 물론 이런 행동을 자주 한다고 사회생활에 실패하는 건 아니다. 그러나 실수하지
않기 위해 스스로 받는 스트레스가 너무 크다. 욱하는 성질 참느라 스트레스, 자칫 실수하
고 나서 수습하느라 스트레스, 나는 왜 이럴까 고민하느라 스트레스다. 그런 데 신경을 쓰
느라 다른 쪽으로 정신 에너지를 쏟을 수도 없다.

무엇보다도 감정을 조절하고 충동을 다스리는 힘, 내 마음을 내 맘대로 움직이는 '자기조절
력'이 필요할 때다. 현대 사회는 스트레스로 가득 찬 경쟁 사회. 깊은 산속에 숨어 살지 않
고서야 경쟁과 스트레스를 피하기 어렵다. 스트레스 안 받겠다고 사회생활을 나 몰라라 할
수도 없다. 그러니 방법은 하나, 자신을 다스리는 기술을 배우는 것뿐.

여러분에게 앞으로 소개할 내용의 핵심도 바로 그것이다. 충동을 조절하고, 스트레스를
다스리며, 두뇌 활동을 돕는 세로토닌의 힘. 그리고 그 세로토닌을 충분히 활용하는 방법.
모든 것이 흔들려도 당신 자신만은 흔들리지 마라. 이 책이 알려줄 것이다. 뇌는 아주 사
소한 자극에도 영향을 받는다. 그 무궁무진한 가능성을 이끌어 낼 방법이 있다. 자, 준비
되었는가?

1장

당신의 마음이
마음대로 안 되는 이유

해야 할 일이 많다. 공부, 금연, 다이어트. 그런데 왜 잘 안 될까? 하루 이틀만 지나도 힘들다고 느끼는 이유는 뭘까? 나약한 마음 탓은 그만하라. 충동을 조절하고 마음을 다스리는 기술을 익힌다면 변화는 얼마든지 가능하다. 수없이 노력해 봤지만 안 됐다면, 방법을 바꿔라. 열쇠는 감정을 유발하는 3가지 뇌 내 물질에 있다.

HERE
&
NOW

그래, 위기다. 누가 이를 부인하랴. 다음 또 무슨 일이 일어날지, 내일을 모르는 불확실의 시대. 참으로 암담한 생각마저 든다. 당장의 일자리부터 걱정이다. 이 험난한 파도 앞에서 망연자실하게 된다. 하지만 마냥 이대로 서 있을 순 없다. 뭔가를 해야 한다. 무엇을? 어떻게? 한마디로 내릴 수 있는 결론은 없다.

한 가지 분명한 건 지금까지 방법으로는 안 된다는 것이다. 우리는 앞만 보고 달려왔다. 억지도 부리고 무리수도 뒀다. 저돌적이었다. 하면 된다는 생각으로 막 밀어붙였다. 그러나, 그렇게 해서 무엇이 남았나?

이젠 현명해야 한다. 그냥 달릴 게 아니라 잠시 멈춰 서서 주위도 둘러보고 찬찬히 생각해 봐야 한다. 대체 위기의 정체가 무엇일까? 어수선한 사회 분위기? 내 능력을 몰라주는 회사? 아무리 열심히 해도 바뀌는 게 없는, 그저 그런 내 인생? 분명한 건 하나뿐이다. 위기는 외부에서 오지만 그걸 해결할 수 있는 건 바로 나 자신이라는 것이다. 모두가 흔들려도 믿을 수 있는 단 한 사람, 바로 내 안에 해결책이 있다.

문제는 그런 나 마저도 내 마음대로 되지 않는다는 것. 흔들리지 말아야 하는데 마음이 무너져 내리고, 당장 변해야 하는데 자꾸 미루게 된다. 내 마음이 내 마음대로 되지 않는 것이다.

신세한탄만 하고 있을 수 없다. 냉철히 분석해 봐야 한다. 지금의 위기는 내가 나를 제대로 다루지 못하면 절대 해결되지 않는다. 시대를 읽는 예리한 눈도 있어야겠다. 그래야 현명한 대처법을 알 수 있다. 내 마음을 마음대로 할 수만 있다면, 세상일이 한결 수월해질 것이다.

그게 말이 되느냐고? 마음을 어떻게 조절하느냐고? 가능하다. 해답은 우리 내부, 그중에서도 뇌 속에 있다.

성격이 운명을
결정한다

미리 대비하고 유연성 있는 창조적 변신. 그래야 하는 줄 알면서도 그게 안 된다. 그게 습관이라는 괴물이요, 성격이라는 약점이다. 결벽증, 완벽증, 옹고집, 소심함과 공포증, 경직성……. 이런 성향의 성격을 정신과에선 '강박증'이라 부른다. 그래선 안 되는 줄 알면서도 계속 그렇게 하게 된다. 딱한 사람이요, 딱한 성격이다.

'성격이 운명을 결정한다.'

이게 나의 오랜 정신과 경험에서 얻어진 결론이다. 교도소 상담의로 일하면서 그의 기구한 운명을 들어 보노라면 이 결론을 통감하게 된다. 순간의 충동을 못 참아 주먹질한 것을 시작으로 그의 기구한 운명은 막을 연다. 별일도 아니다. 하지만 그는 주먹이 먼저 나간다. 경찰서 유치장을 몇 차례나 들락거려도 그의 주먹질은 그치지 않는다. 물론 그때마다 뼈저리게 뉘우친다. 하지만 그건 잠시, 풀려나면 또. 종내에는 폭행 살인으로 종신수가 된다.

우리는 가끔 어처구니없는 신문 기사에 아연실색한다. 부부 싸움 끝에 제집에 불을 지른 사람, 날이 덥다고 길 가는 여자를 칼로 찌른 사람……. 건전한 상식으로는 이해가 안 간다. 하지만 이런 일들은 모두 그의 몹쓸 성격이 빚어낸 비극이다.

더욱 딱한 건 성격 탓에 저지른 범죄에 대해선 일체의 법적 관용이 없다는 점이다. 사리 판단을 하지 못하는 정신병과는 달리 멀쩡한 정신으로 저지른 일이기 때문이라는 게 법의 논리다. 물론 그건 사실이다. 주먹질하면 사람이 다친다는 건 알고 있다. 문제는 알면서도 순간의 충동을 조절할 힘이 없다는 점이다. 성격 탓에. 정신과적으로 성격적 문제를 병으로 보는 이유가 여기 있다.

| 성공도 성격이 만든다

꼭 법적인 문제를 일으키지는 않더라도 우리 일상에서 성격 탓에 손해 보는 사람이 적지 않다. 신경질적인 사람, 불평불만이 많은 사람, 의심증, 까다로운 성격……. 끝이 없다. 정신과적으로 분류하기도 곤란할 정도로 성격은 다양하다.

그리고 그에 따른 대인 관계상의 문제도 참으로 복잡하게 얽혀 있다. 이게 세월과 함께 쌓여 '그 사람'을 만든다. 성공한 사람, 실패한 사람, 아니면 그럭저럭 사는 대부분의 소위 보통 사람이 된다.

당신은 어떤 성격이고 싶은가? 당신이 생각하는 이상적 성격은 어떤 것이라고 생각하는가? 당신은 자기 성격에 대해 얼마나 만족하고 있는가? 불만이면 어떤 점 때문인가?

이렇게 성격에 대해 길게 묻는 데는 이유가 있다. 성격과 사회적 성공, 인간적 행복은 밀접한 관계가 있기 때문이다.

사람들은 90퍼센트 이상이 자기 성격에 대해 불만을 갖고 있다. 불만이 제일 많은 부류는 내성적 성격이다. 성격 때문에 발표도 못하고 데이트도 못하고 자기 인생이 캄캄하다는 것이다. 실제로 자살까지 생각하는 사람도 있다. 이게 졸저 《배짱으로 삽시다》를 쓴 이유였다.

그런가 하면 어떤 사람은 또 너무 외향적이어서 사람들로부터 까분다, 경솔하다, 못 믿겠다는 소리를 자주 듣는다. 내성적이어서 고민, 외향적이어서 또 고민이다.

이게 성격의 정체다. 성격은 양날의 칼이다. 누구든 자기 성격에 만족할 수 없는 이유가 분명해졌다.

그렇다면 이상적인 성격은 어떤 것일까? 어떤 성격이어야 정서적으로 안정감이 있고 사회적으로 성공할 수 있을까? 당연히 드는 의문이다. 학자에 따라 다르긴 하지만 요약하면 성공하는 성격의 특징은 대체로 다음과 같다.

- 미래 지향적이고 도전적이다.
- 집념이 강하되 유연성이 있다.

- 자기 절제나 조절을 잘한다.
- 주의 집중이 잘돼서 일에 몰두한다.
- 신중하되 과감하고 결단력이 있다.
- 창의적이고 열정적이다.
- 대인 관계가 좋아 폭넓은 인맥이 있다.
- 정직하고 책임감이 강하다.
- 유머 감각이 있다.
- 매사에 감사하며 밝고 긍정적이다.

이런 성격을 갖고 사회적으로 성공하지 못한다면 천재지변 아니면 운명일 수밖에 없다.

물론 실패할 수도 있다. 하지만 분명한 것은 그는 언제나 행복하다는 점이다. 사회적 성공은 외적 요건에 의해 좌우되는 것이지만 인간적 행복은 자기 속에 있는 것이기 때문이다.

그는 실패해도 그만한 실패로 끝난 것을 다행으로 생각한다. 실패는 했지만 몸이 건강한 것을 감사히 생각한다. 살아 있다는 것만으로도 정녕 행복하다.

이상적 성격의 리스트를 보면서 어떤 생각이 드는가? 이게 바로 세로토닌 성격이다. 하나하나 읽어 보면 우리가 이 책에서 앞으로 중요하게 다룰 세로토닌 상태라는 것을 알 수 있다. 이게 성공적 성격이요, 행복에의 길이다. 이제 '성공도 성격이 만든다'는 말에 이의를 달지 못할 것이다. '세로토닌이 곧 행복'이라는 말에도 전적으로 공감할 것이다.

성격의 기본은 타고난다. 우리는 이것을 체질 혹은 소질이라 부른다. 하지만 이게 성격으로 정착되기까지는 후천적인 환경 요인과의 상호 작용이 있어야 한다. 따라서 후천적 노력으로 성격도 바뀔 수 있는 것이다.

물론 여기엔 시간이 걸린다. 며칠 사이에 이뤄지는 성격 교정이란 없다. 일상생활을 통해 꾸준한 노력으로 서서히 몇 년에 걸쳐 개선되는 것이 성격의 본질이다. 과정은 길지만 결코 어려운 일이 아니란 걸 독자들은 이해하고 있을 것이다.

| Serotonin Point |

성격에는 좋은 성격도, 나쁜 성격도 없다

반사회적 성격을 제외하면 성격엔 나쁜 성격, 좋은 성격이 따로 없다. 이게 성격의 양면성이다.

"아이고, 저렇게 느려 터져서 무슨 일을 하나?"

걱정일 수도 있다. 하지만 그는 꾸준하다.

"저렇게 꼼꼼해서야 원."

그러나 그는 신중하다.

"무슨 사람이 저렇게 나댈까?"

하지만 그는 적극적이다.

성격의 한 면만 보고 사람을 평가해선 안 된다. 심지어 반사회적 성격을 가진 사람도 험한 전쟁터에선 용맹성을 발휘해 전쟁을 승리로 이끌 수 있다.

마음을 결정하는
3가지 뇌 내 물질

성격은 타고나는 유전적 요인과 후천적 요인으로 이루어진다. 그러나 어떤 기질이 유전적 요인인지에 대한 DNA 연구는 아직 걸음마 단계다.

그럼에도 몇 가지 유전적 요인은 성격에 상당한 영향을 미친다는 것이 밝혀지고 있다. 특히 뇌 내 물질과 밀접한 상관관계를 보인다. 뇌 속에는 특정 정보를 전달하기 위한 물질이 있다. 이를 '뇌 내 정보 전달 물질' 혹은 '신경 전달 물질' 또는 줄여서 '뇌 내 물질'이라고 한다. 50여 종이 있는 것으로 보고되고 있다. 우리가 어떤 마음을 먹느냐에 따라 분비되는 물질이 달라지며, 그에 따라 온몸 세포의 반응이 달라진다.

뒤에서 더 자세히 논하겠지만, 우리 마음 상태를 결정하는 대표적인 물질 3가지부터 알아보자.

우선 도파민. 호기심이 왕성하며 새롭고 기이한 것을 추구한다. 새로운 일에 대단한 관심을 보이며 겁 없이 뛰어든다.

두 번째는 세로토닌. 작은 위험이나 해로움에 민감하다. 위험을 회피하며 매사에 조심하고 다소 소심한 면모를 보인다.

세 번째는 노르아드레날린. 즉흥적이며 충동적이다. 적극적이지만 공격적으로 되기도 한다.

신경 세포(뉴런) 속 작은 주머니엔 전달 물질이 한 가지씩 담겨 있는데, 자극이 오거나 어떤 마음을 먹으면 그에 해당하는 소포막이 터져 특정 물질이 분비, 다음 뉴런으로 전달된다. 뉴런과 뉴런 사

[그림 1] 뉴런과 뉴런사이에서 이루어지는 물질 전달과정

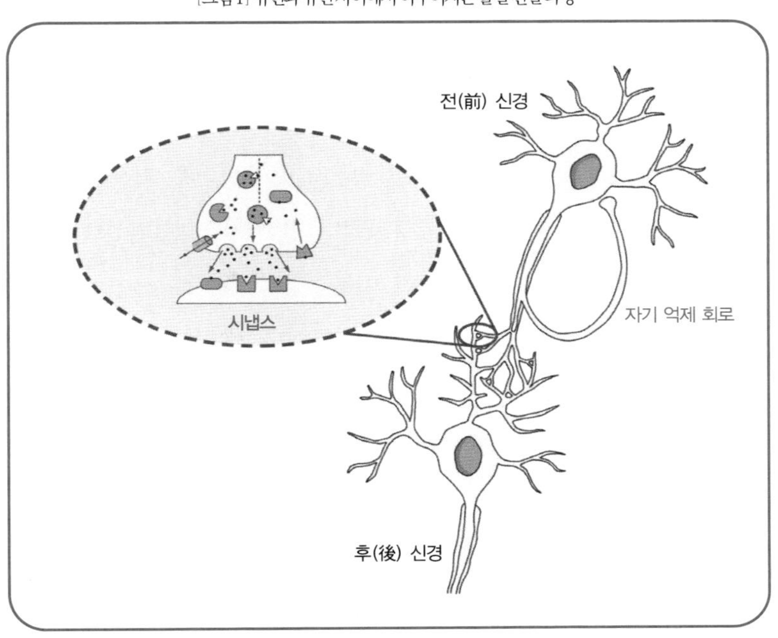

이, 시냅스를 거쳐 다음 뉴런으로 릴레이 되어 이윽고 온몸의 세포에 지령이 전달된다(그림1 참조).

입시 발표를 보러 간다. 불안, 초조하다. 불안 물질, 노르아드레날린 소포가 터지기 때문이다. 그게 다음 신경, 그 다음 신경으로 전달되어 온몸 세포에 퍼지면 침이 마르고 팔다리가 떨리는 등 온몸에 불안 반응이 나타난다. 그런데 다음 순간, 와! 합격이다. 즉각 환희 물질 엔도르핀 소포가 터진다. 팔을 치켜들고 껑충껑충 뛴다. 이런 변화는 불과 0.01초도 안 되는 짧은 순간에 일어난다.

좋은 마음을 먹으면 좋은 물질이, 나쁜 마음을 먹으면 나쁜 물질이 터져 나온다. 같은 텔레비전을 보면서도 아이들은 좋아 깔깔거리는데 어른은 저질이라고 신경질을 낸다. 마음이 다르기 때문이다.

좋은 영화란 관객의 감동 소포를 터뜨릴 수 있어야 한다. 그걸 잘해야 명감독, 명배우이다. 못하면 막을 내릴 수밖에. 감동 없는 영화를 누가 보겠는가. 대체로 남성보다 여성이 잘 터진다. 그만큼 감성적이기 때문이다. 뇌 과학에선 이를 '감정 역치 Emotional Threshold'라 부른다. 이게 낮을수록 작은 자극에도 소포가 잘 터진다.

개그맨에겐 이걸 잘 낮추는 기술이 필요하다. 한번 폭소를 터뜨려 놓으면 다음은 절로 웃는다. 그만큼 감정 역치가 낮아져 있기 때문이다. 별것 아닌 일에도 웃게 된다.

이건 우리의 일상 대화에서도 흔히 경험하는 일이다. 한번 터지면 계속이다. 가랑잎만 굴러도 까르륵대는 여자 아이들의 즐거운 표정을 보라. 뭐가 그리 좋은지. 행복이란, 그리고 즐거움이란 먼데 있지 않고 우리 마음속에 있다는 걸 알게 된다.

| 무엇이 내 마음을 결정짓게 하는가

 뇌 속의 신경 전달 물질은 알려진 것만도 50종이 넘지만, 소위 '마음'을 연출해 내는 것으로는 다음 세 가지가 있다.

노르아드레날린Nor-Adrenalin [$C_8H_{11}NO_3$]

도파민Dopamine [$C_6H_3(OH)_2-CH_2-CH_2-NH_2$]

세로토닌Serotonin [$C_{10}H_{12}N_2O$]

 이 3가지 모두 화학 구조식도 비슷하고 같은 각성제로서의 기능을 갖고 있지만, 그 질이나 양에선 아주 다르다. 가령 술을 한두 잔 마시면 적당히 기분 좋고 즐거운 담소를 나누면서 스트레스와 긴장이 눈 녹듯 풀린다. 이는 세로토닌 상태다.

 여기서 끝나면 축복이다. 문제는 다음이다. 한 병, 두 병으로 넘어가면 고성방가에 호기를 부리기 시작한다. 겁도 없고 말도 함부로 내뱉는다. 책임도 못 질 일에 큰소리를 친다. 객기도 나온다. 이게 엔도르핀 상태다.

 그래도 여기까지라면 백 보 양보해 봐줄 수 있다. 술꾼들은 이런 기분을 맛보기 위해 또 한 잔. 중독으로 넘어가는 기점이다. 진짜 골치는 그 다음이다. 만취가 되면 몸도 제대로 가누지 못할뿐더러 말에 논리도 없다. 괜한 일에 시비를 걸고 쌍소리를 해 댄다. 재떨이가 날아가고 술상을 뒤엎는다. 이런 공격적이고 파괴적인 상태가 노르아드레날린 상태다.

이 3가지는 현대인의 성격이나 사회 병리를 이해하는 데 대단히 중요한 물질이며, 우리 마음을 구성하는 가장 중요한 3대 요소다. 이 3대 신경 전달 물질의 출발점은 뇌간에 있다. 인간의 각성 수준, 활동 수위 등 기본적인 생명 리듬 운동을 관여하는 뇌간에 이들 신경이 분포되어 있다. 이들 신경은 또한 그 가지를 뇌 전체에 뻗치고 있으며, 특히 전두전야와 변연계에 집중돼 있다. 이 체계가 마음의 현주소다. 마음이 뇌에 있다는 것은 이 때문이다.

좀 더 자세히 알아보자.

첫째, 노르아드레날린 신경은 뇌간 좌우의 청반핵에 대칭으로 있다. 비상시 자극을 보내는 출발점이다. 편도체를 자극해 위험에 대비하게 한다. 그리고 전두전야로 하여금 적정한 긴장을 시킴으로써 작업이나 과제 수행 등 일을 잘할 수 있게 해 준다. 이 시스템을 '작업 뇌'라고 부른다. 단, 과잉되거나 과열되면 일을 방해하고 폭력으로 변하기도 하는 역기능이 문제다. 이게 스트레스가 된다.

둘째, 도파민(엔도르핀) 신경은 뇌간의 좌우 선조체에 분포되어 있다. 일을 함으로써 '즐거움과 보수'를 기대하게 한다. 이게 클수록 흥분이 된다. 이를 '학습 뇌'라 부르는 까닭이 여기 있다. 이럴 때 전두전야에 의욕 중추가 자극된다. 문제는 의존성이라는 부작용이다.

셋째, 세로토닌 신경은 뇌간의 중앙 봉선핵을 따라 정중부(正中部)
에 위치하고 있다. 좌우 균형을 조율하는 기능을 하면서 전두엽의
'공감 뇌'를 이루는 중추 역할을 한다.

세로토닌은 신경의 위치만 봐도 그 조절 기능의 중요성을 알 수

[그림 2] 뇌 전체에 뻗어 있는 세로토닌 신경

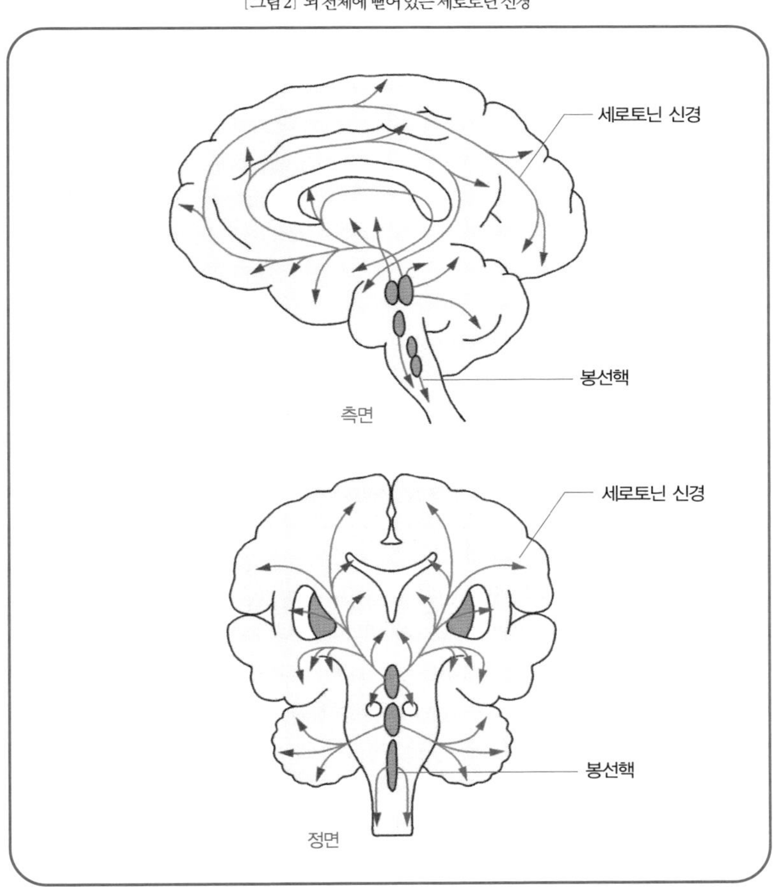

있다. 세로토닌은 생명 중추에 분포되어 있다. 생존을 위한 기본적인 리듬 운동 영역에 걸쳐 있고, 그 신경 가지는 온 뇌에 넓게 분포되어 있다. 뇌 전체의 기능을 조율하고 있는 것이다(그림2 참조).

'언젠가는' 이라는 환상에 속지 마라

'언젠가는 나도 그렇게 되어야지' 라고 생각하고 노력하는 건 좋다. 하지만 분명한 건 행복이란 '언젠가는' 오는 게 아니다. 뇌가 행복을 느낄 수 있는 건 '지금 이 순간' 뿐이다. 이를 'Here & Now' 라 부른다.

'언젠가는'의 환상에 속으면 안 된다. 더 큰 행복이 언젠가 오는 게 아니다. 작아도 지금 이 순간의 행복을 느껴야 한다.

'행복은 구하는 것이 아니고 발견하는 것이다.'

어느 철학자가 한 말이다. 지금 내 속에 있는 행복을 찾아내야 한다.

세로토닌이
우리를 구원할 거야

이 책에서 중요하게 다룰 주제가 세로토닌과 전두엽이다. 해서 둘의 관계부터 설명하는 것이 순서일 듯싶다.

전두엽과 세로토닌은 뇌 구조상의 위치나 기능에서 대극을 이룬다. 하지만 습관이나 성격에 관해서는 편도체와 함께 중요한 역할을 한다. 뇌의 3중 구조와 기능은 다음과 같이 설명할 수 있다(그림3 참조).

전두엽 – 신피질(인간 뇌) – 인격
편도체 – 변연계(동물 뇌) – 공격성
세로토닌 – 뇌간(파충류 뇌) – 본능적

이러한 구도를 볼 때 전두엽과 세로토닌은 아주 대극적이다. 전두엽은 인간 뇌의 최고 사령부요, 세로토닌이 분비되는 뇌간은 파충류 뇌의 본능적 행위를 담당하는 저급 뇌다. 결론적으로 인간이 편안하고 만족한 상태는 공격적인 편도체를 포함한 세 기관이 균형과 조화를 이룰 때다. 이게 가장 이상적인 상태다. 가령 가족과 함께 단란한 아침 식사를 하는 경우를 생각해 보자. 세 기관 모두 반대할 이유가 없다. 모두 만족스럽다. 균형과 조화가 잘 이루어진 상태다.

그러나 배는 고픈데 먹을 게 충분하지 않은 경우를 생각해 보자. 편도체는 앞다퉈 먹으려고 한다. 세로토닌 신경도 물론 찬성이다. 문제는 전두엽. 좀 참으라고 한다. 여기서 갈등이 생긴다. 물론 세로토닌 신경도 자동 조절 기능이 있어서 절제가 되긴 하지만 그것도 먹을 게 충분할 때 이야기다. 배가 터지도록 먹지 않게 조절하는

[그림 3] 뇌의 3중 구조와 각 부분의 기능

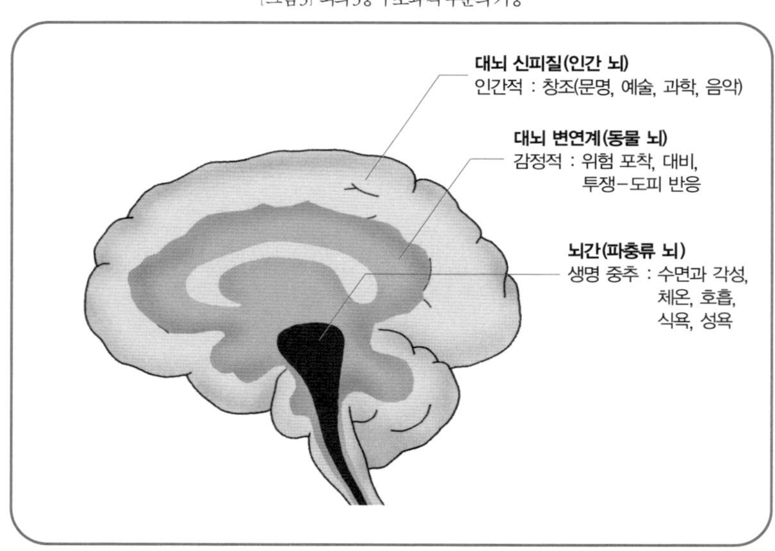

차원이지 먹을 게 모자랄 때도 절제할 수 있는 건 아니다.

이게 세로토닌 신경의 한계다. 여기서 체면, 인격, 절제 등 전두엽의 고등 기능이 발동하게 된다.

세로토닌 역시 신경 전달 물질의 하나로 뇌와 장내에 널리 분포되어 있다. 본서에선 주로 뇌 내 물질만 이야기하려 한다. 많은 뇌 내 물질 중 세로토닌은 한마디로 본능적인 활력의 원천이 되는 기능을 한다. 1950년대 혈액에서 발견되었는데 이름의 유래도 '혈청Serum이 혈관을 긴장Tonus시킨다' 는 의미에서 '세로-토닌Sero-Tonin' 으로 되었다. 그 기능은 아직 다 밝혀지지 않았지만 특히 정신과 임상에선 빼놓을 수 없는 중요한 치료제로 쓰인다.

우울증 치료제로 SSRISelective Serotonin Reuptake Inhibitor라는 약을 처방한다. 이는 세로토닌을 뇌 내 시냅스에서 선택적으로 올려 줌으로써 항우울 기능을 하게 만드는 것이다. 그 밖에도 정신과에서 이 약제가 쓰이는 병으로는 우울증을 비롯해 강박증, 충동 폭력성, 섭식 장애, 중독, 공황 장애, 만성 피로 등이 있다. 이들 증상은 신경증의 주류를 이루는 것으로, 모두가 세로토닌 부족이 주된 원인이다.

| 세로토닌 부족이 불러오는 비극

지금 지구촌은 온갖 폭력으로 얼룩지고 있으며, 각종 중독 증상도 심각한 수준에 이르고 있다. 이런 비극적인 현상이 현대인의 세로토닌 결핍증에서 온다는 게 뇌 과학계의 충격적인 보고다.

현대는 가히 노이로제 시대. 이것만 봐도 왜 지금 세로토닌인가 하는 문제 제기는 충분하리라. 좀 더 넓게는 이 물질이 범세계적인 사회정신 병리와 밀접한 연관을 갖기 때문이다.

우리는 앞에서 세로토닌을 활력의 샘으로 정의했다. 그리고 사회 병리 차원에서 보면 폭력, 중독, 양극단으로 치닫는 뇌의 폭주 등을 조절하는 기능도 있다. 세로토닌만 적정량 유지된다면 개인은 물론 범세계적인 폭력, 중독도 예방할 수 있다. 그렇다면 왜 현대인은 세로토닌이 부족할까? 또 이를 활성화시킬 수 있는 방법은 없을까?

물론 이 한 권의 책으로 심각한 개인적 · 사회적 정신 병리가 해결될 순 없다. 하지만 세로토닌을 통해 상당 부분 호전된다는 사실이 많은 정신과 전문의의 연구 결과로 실증되고 있다. 그리고 나 역시 사회정신 의학, 뇌 과학을 공부하는 사람으로서, 그리고 자연 의학 캠프를 운영해 본 경험자로서 이 문제에 관한 한 확신을 갖고 이야기할 수 있다.

| 엔도르핀은 행복 물질이 아니다

우리는 엔도르핀을 행복 물질로 알고 있지만 그건 큰 오해다. 우선 엔도르핀은 강력한 쾌감을 동반하지만 문제는 중독성이다.

엔도르핀이 가져다주는 절정의 환희나 격정적인 순간이 우리 일상에서 늘 있을 순 없다. 이게 문제다. 이 기분이 오래 지속될 수도, 또 자주 있을 수도 없다. 하지만 우리는 누구나 이런 순간을 기대한다. 충족되지 않으면 허전하고 불행하다.

이게 엔도르핀 금단 현상이다. 마약, 도박, 술, 무엇이든 좋다고 자주 하면 중독이 된다. 도파민과 엔도르핀은 뇌 과학적으로 자제 능력이 없기 때문이다.

계속 더 큰 것, 더 오래, 더 자주를 요구한다. 거기다 광고 업계의 집요한 세뇌까지. 설상가상이다. 뇌 과학을 공부하는 입장에서 분명히 말할 수 있는 것은 엔도르핀이 한국 사회에 회자된 것은 불행이라는 점이다. 더구나 이를 행복 물질로 소개한 것은 절제를 모르는 우리 국민성을 고려한다면 참으로 불행한 일이다.

행복 물질은 엔도르핀이 아니고 세로토닌이다. 연인들이 뜨거운 포옹을 하는 그 격정적인 순간은 환희이지 행복은 아니다. 포옹이 끝나고 숨을 고른 후 햇볕 잘 드는 창가에서 두 손을 잡고 서로 마주 보는 순간, 그제야 아련히 밀려오는 기분, 그게 행복이다.

행복의 물결은 너무 가늘고 부드러워서 차분하지 않으면 느낄 수 없다. 이제라도 곧 부서질 것 같은 가벼운 불안과 함께 오는 게 행복의 본질이다. 실제로 사랑이 깨지기 쉬운 것도 그래서다. 사랑과 행복은 우리 삶에 생기와 의욕을 가져다준다. 온통 세상이 핑크 빛이다. 가벼운 설렘과 흥분, 이게 세로토닌 상태다.

고맙게도 이런 잔잔한 감동은 사랑 말고도 우리가 마음먹기에 따라 언제든 만들 수 있다. 그리고 여기엔 중독이 없다. 있으면 좋겠지만 없다고 해서 허탈감이나 금단 증상이 생기지 않는다. 이게 세로토닌의 신비한 작용이다. 넘치지 않게 스스로 조절하는 자가 수

용체가 갖추어져 있기 때문이다.

이젠 격정이 아니라 차분한 세로토닌의 시대라는 게 이해되었으면 좋겠다. 독일의 극작가 헤벨의 명언을 기억하자.

'행복은 작은 새처럼 붙들어 두어야 한다. 부드럽게 살짝. 새는 자기가 자유롭다고 느끼면 기꺼이 그 손 안에 머물러 있을 것이다.'

먼저 물어라,
어디로 무엇을 위해 뛰는가

한국 사회는 역동적이다. 바삐 움직인다. 외국 여행에서 돌아와 인천공항에 내리면 당장 공기부터 다르다. 시끌벅적하다. 모두가 종종걸음. 금방 난리라도 날 것 같은 불안감마저 든다. 그 난리 통에도 모두들 열심히 살아가고 있다. 서울엔 밤이 없다. 힘이 넘친다.

그렇다고 우리가 강성 체질은 아니다. 주변 강대국이 기침만 해도 우리는 몸살을 앓는다. 그간의 몇 차례 위기에 한국 사회는 속절없이 무너져 내려앉았다. 당장 시장이 얼어붙고 주가가 곤두박질을 친다. 온 사회가 요동을 친다.

청년 실업이 늘고 거리의 시민들도 불안 일색, 겁에 질린 표정이 역력하다. 가히 공황 상태다. 그렇게 열심히 뛰었는데 이게 뭔가. 아주 허탈하다.

하지만 다행히도 얼마간의 충격이 지나면 우리는 또 그 특유의 저력, 임기응변력을 동원해 오뚝이처럼 일어선다. 거짓말 같은 복구력이다. 신기하고 고맙다. 하지만 다음 순간 또 무슨 바람이 불까? 초조하다. 도대체 이 불안의 정체는 무엇일까? 어디서 이 불안이 오는 것일까?

그간 우리는 그냥 앞만 보고 위를 향해 뛰기에만 급급했지 우리 자신을 돌아볼 기회가 없었다. 어느 날 문득 거울 앞에 발가벗고 선 내 모습. 이게 누구인가. 이게 나인가. 내가 낯설다.

도대체 넌 지금 어디를 간다고 그리 바쁜가. 잘 가고 있는가. 이대로만 가면 되는 것인가. 이게 정녕 내가 바라던 인생인가? 아니라니? 열심히 뛴 덕분에 이만큼이나 살게 되지 않았는가. 휴가도 반납해 가면서 일한 덕에 승진도 하고 연봉도 오르지 않았는가. 그런데도 어딘가 허전하고 비어 있는 것 같다. 계속 모자란다. '더! 더!' 를 외치면서 '언젠가는 신화'에 물들어 버린 건 아닌가.

광고 업계의 집요한 공략 앞에 완전히 세뇌가 되어 버렸나. '더!' 하고 밤낮없이 뛰었지만 아직도 모자란다. 이젠 탈진 상태. 더 뛸 기력도, 의욕도 없다. 이게 현대 한국인의 완전 연소 증후군Burn-Out Syndrome이다. 도대체 편안하지도 행복하지도 않다. 잘 살게 되었다는데, 이게 뭔가. 이제야 새삼 잘 산다는 것이 무슨 뜻인가를 생각해 보게 된다.

마구 달리기만 할 게 아니다. 좀 찬찬히 주변을 살펴보며 걷자. 현명하고 슬기롭게. 속을 채워 가면서. 오뚝이처럼 일어서는 것도 좋지만 바람이 불어도 흔들리지 않아야겠다. 작은 유혹에 넘어가지 말고 무게 중심을 낮추어 흔들리지 않는 체질을 길러야겠다.

| 도파민 - 엔도르핀 시스템의 함정

산업 시대 한국 사회를 이끌어 온 것은 한마디로 도파민적·엔도르핀적 가치관이었다. 바라는 바를 이루면 보상이 따라온다. 돈, 좋은 성적, 승진, 칭찬 등이 보상으로 돌아온다. 꿈을 갖고 열심히 노력하면 실현된다.

이게 발전 도상국의 가치관이다. 이렇게 경쟁을 통해 노력하고 보상이 따라오는 '경쟁-노력-보상' 체계가 뇌 속에 '보수 회로'를 만드는데, 여기엔 강력한 쾌감이 동반된다. 이 시스템이 의욕과 학습에 관여한다는 사실은 우리 경험으로 알 수 있다.

이를 학습 이론에선 '강화 학습'이라 부른다. 이게 학교 시스템의 기본이자, 작은 성공이 큰 성공을 이루게 되는 뇌 과학의 성공 비결이다.

문제는 거기엔 끝이 없다는 점이다. 성공이란 이름의 산에는 정상이 없다. 정상이라 생각했는데, 이건 또 뭔가! 더 높은 정상이 앞에 버티고 있다.

세기의 거부 폴 게티에게 기자가 물었다. 목표가 얼마냐고.

"글쎄, 얼마라고 할 수는 없지만 확실한 건 아직 모자란다는 겁니다."

이게 도파민-엔도르핀 시스템의 취약점이다. 사람 욕심에 끝이 없다는 건 그래서다. 더구나 이건 몇몇 성공한 사람의 이야기이고 대개는 좌절의 쓴맛을 경험해야 한다는 사실을 잊어선 안 된다.

더욱 큰 문제는 의존증이다. 계속 보상이, 그리고 더 큰 보상이 들어와야 하는데 이게 안 되면 불안하고 초조하며 허탈하다. 따라서 나쁜 짓을 해서라도 얻고자 한다. 사기도 치고 폭력도 동원한다.

도파민-엔도르핀 시스템은 개인도 사회도 발전의 원리로선 효율적인 시스템이다. 하지만 문제는 만성적인 부족감, 결핍, 불평, 불만이 쌓여 뇌 속에 부정적 회로가 형성된다는 점이다.

이것은 엄청난 스트레스로 작용하며, 소위 '편도체 과열 현상'을 일으킨다.

역동성의 그늘, 편도체 과열 현상

편도체는 생존에 대단히 중요한 기관이다. 사자가 나타나는 등 생명에 위협을 받으면 즉각 반응하여 위기에 대비하게 만든다. 위기가 닥치면 동물은 개체 보존을 위한 본능적 반응을 일으킨다.

사자를 만나면 '사자, 무섭다. 달아나자!' 라는 비상 반응이 즉각 일어나야 한다. 이것저것 생각할 겨를이 없다. 이성적 판단을 내리는 신피질과 의논할 것도 없이 즉각적으로 싸우거나 달아날 준비, '투쟁-도피 Fight-Flight' 반응을 취해야 한다. 이건 원시 밀림에선 생존을 위한 필수 반응이다.

이 역할을 하는 것이 편도체다. 위기 감정이 일어나면 편도체에 공포와 함께 경계 벨이 울린다. 순간 온 뇌가 비상사태에 걸리고 동시에 온몸에 비상 반응이 일어난다. 이런 비상 경계 상태를 스트레스라 부른다.

편도체는 '동물 뇌'라 불리는 변연계에 있다. 여기는 생존과 직결되는 원시적 감정을 통괄하는 곳이다. 편도체가 제 기능을 하지 못하면 천적을 만나도 비상벨이 울리지 않아 생명이 위험해진다.

하지만 그럴 일도 없는 현대 사회에서 이런 원시적 공포 반응이 계속된다는 데 문제가 있다.

요즘은 길에서 사자를 만날 일도 없고, 생명의 위험을 느낄 만큼 무서운 걸 만나는 일도 드물다. 그러나 그보다 무서운 '경쟁'이라는 괴물이 있다. 뒤떨어지면 큰일난다는 위기감, 더 열심히 하지 않으면 안 된다는 불안감. 어쩌면 사자보다 무서운 적일지 모른다.

정서적 안정을 위해선 '편도체의 비상 반응'을 줄여야 하는데, 요즘 같은 한국의 위기 상황에서 편도체 반응은 필연적으로 일어나게 되어 있다. 작은 일에도 불안하고 긴장하여 뇌에 비상벨을 울려 대니 우리 몸이 견뎌 내질 못한다.

이런 상태를 '만성 스트레스'라 부른다. 작은 위험에도 마치 사자가 나타난 것처럼 과잉 반응을 한다. 싫은 사람이 나타나기만 해도 편도체에서 동물적 공격 감정이 확 치밀어 오른다.

이처럼 사소한 일에도 격노 반응이 일어나는 것을 뇌 과학에선 '편도체 과민' 또는 '편도체 과민 반응'이라 부른다. 그리고 이런 위기 상황이 파도처럼 밀려오면 편도체가 과열 상태에 빠지게 된다.

이때 분비되는 것이 노르아드레날린이다. 분노 호르몬이다. 이 물질은 우리가 경쟁이나 적극적인 행동을 해야 할 때도 분비된다. 심지어 오르가슴 순간에도 분비되어 쾌감 행동을 강화하고 즐거운 기분을 증폭시켜 준다. 노르아드레날린이 없으면 의욕이 줄어들고, 매사에 소극적이며, 심할 경우 우울증에 빠지기도 한다.

문제는 과잉이요, 과민이다. 그러잖아도 오늘의 한국 사회는 노르아드레날린이 넘쳐 난다. 출근부터 퇴근까지 매 순간이 가히 전쟁이다. 혼자 조용할 수 없는 상황이다.

게다가 개인의 경쟁 강박증까지 발동해 보라. 설상가상이다. 별일 아닌데도 경쟁심을 발동한다.

길을 갈 때도 기어이 앞사람을 제쳐야 직성이 풀린다. 제치면 또 그 앞의 사람을 제쳐야 한다. 이런 사람이 운전을 하면 정말 위험하다. 누가 추월하면 못 견뎌 한다. 기어이 따라잡아야 한다. 아슬아슬하다. 고속도로에선 가끔 이런 광적인 경쟁 강박증 환자를 보게 된다. 딱히 무슨 바쁜 일이 있어서도 아니다. 습관적 경쟁일 뿐이다.

왜 그래야 할까? 이유가 웃긴다. 추월당하면 자존심이 상한다는 것. 패배라도 한 것 같다.

어처구니없는 습관성 경쟁 강박증이다. 누구도 이런 스트레스나 과로를 지속적으로 견뎌 낼 순 없다. 언젠가는 쓰러진다. 이게 만성 피로에 시달리는 우리의 딱한 자화상이다.

우리는 지금 탈진 상태다. 건강만이 아니다. 이런 상황에선 합리

적이고 현명한 해결책을 제시하는 능력이 떨어진다. 결론은 하나,
이 편도체 과열 상태를 식혀야 한다.

'무소유'의 힘

법정 스님이 떠난 자리를 '무소유'가 가득 채워 주고 있다. 전국에 화두가 되어 태풍처럼 우리 가슴을 흔들고 있다. 꼭 필요한 것을 필요한 만큼만 가지라는 것. 이 단순 명쾌한 가르침이 이렇게 큰 파장을 일으키다니. 우리 모두 과소유의 덫에 걸린 게 틀림없다.

누구나
'열심히'는 한다

유치원 들어가기부터 쉽지 않다. 온갖 과외에 시달리는 초등학생. 거기다 근년의 영어 열풍까지. 제 나라 말도 잘 못하는 아이에게. 중학교부터는 본격적 경쟁이다. 명문고에 들어가야 한다.

그리고 그 '마의 대입'. 이건 지옥이다. 오죽하면 미국 CNN의 '믿거나 말거나' 프로그램에 한국 고등학생의 하루가 방영되었을까. 아이들 공부를 더 못하게 법으로 막아야 하는 나라. 행복한 고민이라기엔 이건 너무 힘겨운 전쟁이다.

수험생만이 아니다. 온 가족이 대입 뒷바라지에 총력전을 펼쳐야 한다. 이건 가족이 아니다.

'대입만 끝나면…….'

모든 우리 젊은이의 간절한 염원이다. 대학만 붙으면 모든 게 끝날 줄 알았다. 하지만 웬걸. 취업 준비가 입시보다 더 뜨겁다. 대학의 낭만도 사라졌다. 고등학교 졸업생의 83퍼센트가 대학에 간다.

새 일자리는 없고. 취업 전쟁이란 말이 과장이 아니다. 이제 대학은 전문 교육 기관이 아니다. 보통 사람을 대상으로 하는 시민 교육 기관의 성격이 짙다. 대학 졸업장만으로 취업하긴 글렀다. '플러스 알파'를 공부해야 한다. 공부는 지금부터다. 누구도, 심지어 교수도 하지 않는 독창적 공부를 해야 한다. 그래야 기업의 인사 담당자 눈에 뜨인다. 그때 비로소 최후의 관문을 통과하게 된다.

그러나 아직 끝이 아니다. 취업을 했다고 안심할 상황이 결코 아니다. 종신 고용도 옛말. 걸핏하면 구조 조정 비상이 걸린다. 후유, 끝이 없다. 잠시의 여유가 없다.

하지만 이 거대한 시대의 흐름을 누가 거역할 수 있으랴. 따라가야 한다. 학자들은 이를 '동반의 흐름'이라 부른다. 누구도 조용할 수 없다. 덩달아 급해진다. 한발 뒤질세라 종종걸음이다. 따라가야 한다. 앞서 가야 한다.

좋게 보면 참으로 역동적이다. 그러나 딱하게도 이 경쟁은 끝이 없다. 하나가 끝났다고 끝이 아니다. 위기의 파도는 쉴 새 없이 밀려온다.

| 위기에서 빛을 발하는 창조적 인간

인간이 위기에 처하면 어느 것 하나 순리대로 되는 일이 없다. 급히 서두르다 보니 무리도 빚고 억지도 나온다. 이게 사태를 더욱 악

화시킨다. 이런 때일수록 차분하게 생각하고 냉철한 대응을 해야 하는데 우리에겐 그럴 여유가 없다. 당장 밥 벌어 먹을 일자리가 없다. 이보다 더 절실한 위기가 또 있을까. 생활이 아니라 당장의 생존이 문제다.

정부에선 새 일자리를 만들어 내라지만 있는 회사도 문을 닫아야 할 판이다. 청년들은 창업으로 몰린다. 벤처? 하지만 그 또한 만만치 않다. 마음은 급하고 채 준비도 안 된 상태에서 일부터 저지른다.

이게 잘될 리 없다. 마음이 초조하니, 문제를 해결한다는 게 점점 꼬여만 든다. 포기, 실망, 좌절, 허탈……. 그래도 다행히 우리는 결코 주저앉지 않았다. 막 밀어붙였다. 하면 된다고 믿었다. 소위 군대식 막가파도 등장했다.

참으로 저돌적이고 용감했다. 겁 없는 도전이었다. 실패도 많았다. 하지만 그만큼 성공도 많았다. 덕분에 우리는 이만큼 올 수 있었다. 그러나 이젠 이런 방법으로는 안 통하는 시대다. 세계가 웃는다.

단기전에선 임기응변을 동원해 통할 수도 있었다. 하지만 부작용도 만만치 않았다. 집이 쓰러지고 다리가 무너졌다. 압축 성장의 그늘은 우리 사회 곳곳에 독버섯처럼 도사리고 있다. 개인도 마찬가지다.

급할수록 돌아가라고 했다. 이젠 정말이지 차분하고 합리적인 방법으로 이 난기류를 헤쳐 나가야 한다. 어떻게? 그 해답이 뇌 속에 있다. 뇌를 알아야 현명한 해결책이 나온다. 그렇다고 어려운 뇌 과학을 알아야 하는 건 아니다. 우리 생활에 필요한 최소한의 뇌 과학 지식이다.

이런 위기에 우리 뇌에서는 어떤 일이 일어나고 있을까? 이것을 모르고서는 현명한 대책이 나올 수 없다.

위기에도 강한 기업이 있고 개인이 있다. 불황일수록 사업이 더 번창하는 회사도 적지 않다. 지난 두 차례의 경제 위기에 떼돈을 번 회사가 어디 한둘인가. 비결은 하나, 새로운 사태에 미리 대비하는 것이다.

위기에서 살아남으려면 어떤 시대, 어떤 상황에도 유연하게 대처할 수 있어야 한다. 그야말로 전천후 요격기가 되어야 한다. 악천후에도 요격할 수 있는 능력을 갖춘다면 어떤 싸움에서도 이길 수 있다. 그러려면 위기의 징조를 읽어 낼 예리한 통찰력이 있어야 한다.

대안은 오직 변화뿐이다

우리가 겪은 두 차례의 혹독한 경제 위기, 누구도 예상할 수 없었다고 하지만 과연 그럴까? 문외한이라 이러쿵저러쿵 군소리할 형편은 아니지만 글로벌 경제의 속성이 그런 게 아닌가. 오일, 금융, 자원……. 어느 분야고 위기는 반드시 오게 되어 있다.

오일 쇼크만 해도 그렇다. 또 올 것이다. 유가 100달러 시대도 멀지 않다. 다만 언제 어떻게 오느냐가 문제일 뿐이다. 자원 고갈도

시간문제다. 금융도 마찬가지. 금융 시장의 속성상 크고 작은 위기의 파도는 오게 되어 있다. 지구촌 한구석에서 일어난 금융 파동이 연쇄적으로 지구촌을 휩쓸고 있지 않은가. 이게 글로벌 경제권의 취약점이다.

부동산도 예외일 수 없다. 한국의 부동산은 아직도 거품이 부글거리고 있다. 그 탄탄한 일본도 버블이 꺼졌는데 한국 시장이 괜찮을 리 없다. 전문가들은 입을 모아 부동산 경제를 걱정한다. 시한폭탄이다. 마음 단단히 먹고 미리미리 대비해야 한다. 우리는 꼭 당해야 정신을 차리는 고약한 습성이 있다. 잘나간다고 안주하고 있다간 큰코다친다. 일제 소형차를 만만히 보고 큰 차만 고집한 공룡 GM의 오늘을 보라.

다른 대안이 없다. 끊임없는 창조적 변신만이 발전, 생존의 비결이다. 이 변화무쌍한 시대에. 개인도 물론 예외가 아니다.

피카소가 왜 피카소인가? 창조적 변신의 명수이기 때문이다. 그의 초창기 작품도 모두 세계적 명품이다. 하지만 그는 여기에 만족하지 않고 끊임없이 변신에 변신을 거듭해 왔다. 그래서 피카소다. 한국 화단에는 잘나간다고 계속 같은 화풍을 고집하는 작가가 적지 않다. 사람들은 매너리즘에 빠졌다고 빈정댄다. 교수도 마찬가지. 낡은 강의록을 들고 강단에 섰다간 당장 쫓겨난다. 요즘 학생들이 얼마나 깨어 있는데.

'불확실의 시대. 우리가 할 수 있는 일은 창조적 변신뿐이다.'

나는 이 말이 좋다. 기억하라. 지구상에 멸종하지 않고 오늘까지 생존해 온 종은 결코 강해서가 아니다. 환경의 변화를 수용하고 거기에 잘 적응해 왔기 때문이다.

목적의식이 일을 즐겁게 만든다

'인생의 의미를 찾아 목적을 갖고 긴 안목으로 일을 즐겨 한다.'

디너가 정의한 행복이다.

목적을 갖고 일하면 즐겁다. 한 걸음씩 다가가는 성취감과 행복이 뇌를 플러스로 만든다. 그 결과 에너지가 확대되어 가는 걸 느낄 수 있다. 멀리 목적을 찾아 나아갈 땐 어떤 역경도 스트레스도 이겨 낼 수 있게 된다.

'성공이 행복의 열쇠가 아니라 행복이 성공의 열쇠다.'

슈바이처가 한 말이다.

쉬어 갈 줄 아는 용기

한강의 기적. 그건 정말 기적이었다. 무(無)에서 시작한 우리였다. 전쟁이 휩쓸고 간 폐허, 자원 하나 없는 나라. 도대체 그 기적의 원동력은 무엇일까? 무엇이 한국을 달리게 하는가? 많은 논의가 있었지만 뇌 과학적 해석은 다음 4가지로 요약될 수 있다.

첫째, 한국인은 우뇌형 사고가 강하다.

무에서 출발한 우리로선 앞서 가는 선진국을 모방하는 것밖에 달리 방법이 없었다. 그리고 모방에는 우리의 탁월한 우뇌적 기질이 큰 몫을 했다. 척 보면 안다. 산업 스파이라면 단연 한국이다.

우뇌의 이미지적 사고는 이럴 때 탁월한 재능을 보여 준다. 하나씩 분석하고 따져야 하는 좌뇌형은 정확하지만 시간이 걸린다. 후발 국가인 우리에겐 그럴 여유가 없다. 여기엔 또 우뇌적 직관이 큰 역할을 한다. 우리는 모든 게 대충이고 수월하다. 모방했지만 그대로는 아니다. 우리의 기막힌 상상력을 동원, 새로운 걸 만들어 세계 인의 입맛에 맞췄다. 창조가 가미된 모방이었다. 이제 세계 어느 누 구도 우리의 휴대폰을 따라올 수 없다. 작게, 예쁘게, 편리하게. 그 리고 온갖 기능을 다 싣는다. 물론 여기엔 우리의 뛰어난 창조성과 함께 섬세한 손재주도 빼놓을 수 없다.

둘째, 도전 의식이 뛰어나다.

일단 뛰어야 한다. 그리고 생각한다. 시간이 없기 때문이다. 사전 에 치밀한 준비 없이 시작했으니 중간에 많은 문제가 터진다. 하지 만 우리의 우뇌적 유연성, 융통성, 임기응변성으로 사태를 잘 해결 해 나간다. 해서 우리는 겁이 없다. 감만 잡히면 덤빈다.

실패도 많을 수밖에. 하지만 그만큼 성공도 많았다. 돌다리도 두 들겨 건너는 신중한 좌뇌형에 비해 우리는 대충 보고 다리처럼 생 겼으면 건넌다. 그러느라 다리가 무너지고 빠지기도 했다. 하지만 우리는 아슬아슬하게 많이도 건넜다. 이게 그 짧은 시일에 기적을 일구어 낼 수 있게 한 원동력이다.

셋째, 근면성과 신명성이다.

세계에서 일을 제일 많이 하는 나라. 부지런한 일본인을 게을러 보이게 만든 나라가 바로 우리다. 우리는 역동적이고 신명 나는 민 족이다. 신명에 불을 지르면 신들린 사람처럼 못해 낼 일이 없다. 한 국은 움직인다. 24시간을. 역동적인 힘이 넘친다는 게 한국에 대한 외신 기자들의 인상이다.

넷째, 양 뇌성이다.

우뇌는 이미지적·감성적 사고를 하고, 좌뇌는 논리적·이성적 사고를 한다는 건 이제 상식이다. 따지고 보면 앞의 3가지 특징은 모두가 우뇌적 성향이다. 하지만 20세기는 정밀을 요하는 하이테크 시대. 산업 사회는 대충 감으로 하는 우뇌만으론 안 된다. 정확하고 분석적이며 논리적인 좌뇌 아니고는 될 일이 아니다.

다행히 우리는 좌뇌도 동원할 수 있는 교육을 받아 왔다. 조선 500년, 근세 학교 교육 100년이 모두 좌뇌형 교육이었다. 해서 우리는 양 뇌형이다. 한국인이 그냥 우수한 게 아니다. 우리는 필요하면 양 뇌를 동시에 쓸 수 있기 때문이다.

양 뇌형이 때로는 여러 사회 문제를 일으키는 원인이 되기도 한다. 좌뇌적·유교적 규범은 우뇌적·무교적 무규범 앞에 쉽게 무너진다. 낮엔 점잖은 선비지만 밤만 되면 엉망이다. 절제력 상실이 사회 문제로 등장, 절제와 균형의 절실함을 느끼게 한다. 이것만 잘 조절할 수 있다면 우리는 정말 세상에 두려울 게 없다.

거기다 우리에겐 부인할 수 없는 물적 증거가 있다. 전쟁이 휩쓸고 간 폐허, 아무런 기술도 자원도 없고 1960년대 후반까지 세발자전거도 못 만들던 나라. 그러나 불과 30여 년 만에 GNP 300배, 무역 10위권. 이젠 자동차, 비행기까지. 설명이 필요 없다. 우리의 근면성, 손재주, 우수성이 세계 최고라는 평가는 결코 과장이 아니다.

우수하지 않고서야 어떻게 이런 기적이 가능했겠는가. 따지고 보면 한국인의 이러한 기질이 바로 '세로토닌 마인드' 다. 위기에 흔들리지 않고 더 멀리 나아가는, 위기에 강한 세로토닌형 성향이 우리 안에 있는 것이다.

늦기 전에 나를 돌아보자

변신의 명수 프로테우스를 아는가? 그리스 신화에 나오는 이 신은 천의 얼굴을 가지고 변화무쌍해서 누구도 그의 진짜 얼굴을 본 적이 없다. 자기가 없는 신이다.

이런 공백의 자아 때문에 예일 대 립턴 교수는 현대인을 '프로테우스적 인간'이라고 꼬집었다. 어제는 이랬다가 오늘은 저랬다가. 그래도 아무런 갈등이 없다. 참 편리하다. 이것도 한 방편이다. 하지만 이렇게 상황에 따른 수동적 변화로는 미래에 능동적으로 대처할 수 없다. 줏대도 없이 흔들리고 지치기만 한다.

완전히 탈진하기 전에 쉬어 갈 수 있는 용기를 내야 한다. 쉬는 데에도 용기란 말을 써야만 하는 우리 형편이 딱하다. 우리는 정말이지 쉴 줄 모른다. 죽어라 달리기만 한다. 해도 해도 끝이 없다. 몸이 쉬라고 신호를 보내는데도 우리는 강행군이다. 그땐 몸이 우리를 쉬게 한다.

드디어 병원 신세. 그제야 정신이 번쩍 든다. 늦긴 했지만 한국인의 미련증을 고치는 데는 이 방법밖에 없다. 응급실에 실려 가서야 제정신이 든다. 이게 개체 보존의 본능이다.

앓고 나면 사람이 아주 달라진다. 일에 쫓겨 친구들과 밥 한번 먹지 않던 사람이 아주 딴사람이 되었다. 그렇게 인색하던 사람이 친구들 불러 술을 사는 등 인심도 후해졌다. 주위에서 깜짝 놀란다. "저 사람이 죽으려나 보다. 안 하던 짓을 하면 죽는다잖아?" 하면서.

| 개미형 인간의 미래 공포증

'내일 할 수 있는 일을 오늘 하지 마라.'

터키 격언이다. 게으름을 피우란 소리가 아니다. 오늘 일이 끝났으면 신나게 놀고 삶을 즐기란 뜻이다. 그게 진정 제대로 사는 슬기다. 내일 일까지 미리 하는 개미의 삶이 과연 제대로 된 삶인가?

개미형 인간은 예외 없이 미래 공포증에 시달린다. 일을 하지 않으면 장래가 걱정이다. 이들의 한결같은 주장은 안 하면 뒤처진다는 것이다. 하지만 죽어라 해도 앞서 가는 사람을 따라잡을 순 없다. 우리 앞엔 언제나 앞서 가는 사람이 또 있기 때문이다.

우리는 지금 거대한 경쟁의 물결에 휩쓸려 허둥대기만 하고 있다. 이대로 가다간 쓰러진다. 이대로는 안 된다. 중심을 잡아야 한다. 바뀌어야 한다.

가끔 뒤도 돌아보자. 우리 뒤에도 많은 사람이 따라오고 있다. 그냥 무작정 앞만 보고 달리지 말고 걷기도 하면서 쉬엄쉬엄 가자. 주위도 찬찬히 살피며 걷자. 그래야 지름길도 보이고 쉬운 길도 보인다. 그게 현명하게 가는 방법이다.

쉬어 갈 줄 아는 용기! 지금 이 시점에서 우리에게 절실히 필요한 화두다. 민첩하게 움직이되 잠시의 여유를 즐기자. 나를 아끼고 사랑하자. 달리지만 말고 때론 주위 경치를 즐기며 여유롭게 걷자. 그런 여유가 진정 새로운 창조를 이끌어 낸다. 명심하라. 위기는 항상 내 안에 있다.

| Serotonin Point |

창조는 '쉼'의 순간에 터진다

멍청하게 있을 때, 막 잠에서 깨어날 때 문득 좋은 아이디어가 떠오른다. 누구나 한 번쯤 경험했을 것이다. 쉼이 창조를 이끌어 낸다는 증거다. 뇌는 한 번에 두 가지 일을 하지 못한다. 생각으로 바쁘게 돌아가는 뇌에선 창조력이 발휘되지 않는다.

기를 흐르게 하라

어이없는 일을 당하면 우리는 기가 막혀 말이 나오지 않는다. 기가 차 가슴이 답답하고 숨통마저 막힌다. 기가 막히면 움직이지를 못한다. 온몸이 얼어붙어 굳어버리는 것이다.

기가 막혀, 기가 정체되면 병이 된다. 이럴 때는 풀어야 한다. 기가 흐르게 해야 한다. 어둠침침한 방에 웅크리고 있지 말고 일단 밖으로 나가야 한다. 창이라도 열고 통기(通氣)를 해야 한다. 그래야 내 주위의 모든 게 흐르기 시작한다.

산들바람이라도 불면 이 흐름을 더 확실히 느낄 수 있다. 몸에 정체되어 있던 답답한 기운이 풀려 흘러간다. 고인 물의 물꼬가 트이듯 시원스레 흘러간다. 절로 큰 숨이 터진다. 답답한 가슴이 시원하게 뻥 뚫리는 것 같다.

이 순간 온몸의 기운이 넘쳐 나 확대되어 가는 느낌을 받는다. 이를 뇌 과학에선 '에너지 확대 현상'이라 부른다. 가슴을 펴고 하늘을 향해 팔을 뻗으면서 크게 심호흡을 하고 가벼운 웃음을 지어 보라. 눈을 감아 보라. 내 몸의 기운, 에너지, 파동이 주위로 번져 나가는 것을 느낄 수 있다. 해방감과 상쾌함, 자유로움을 느끼게 된다. 그러면서 내 몸이 무한히 확대되어 가는 느낌이 든다.

이런 상태는 과학적으로 실증되었다. 산소 흡수량, 근육 이완, 혈관 확장, 심박 안정, 뇌 기능의 통합성, 행복 중추의 활성화 등 모든 수치가 향상된다. 이렇게 되면 내 주위까지 밝아지고, 내 모습을 보는 것만으로도 주위 사람들은 기분이 좋아진다.

당장 밖으로 나갈 형편이 아니라면 의자에 앉아 가슴을 펴고 어깨의 힘을 뺀 뒤 팔을 뻗쳐 보라. 기지개도 한번 켜 보라. 그런 다음 창을 열고 조용히 심호흡을 해 보라. 눈을 감고 애인과의 그리운 데이트를 떠올려 보라. 금세 기분이 상쾌해지면서 입가에 절로 웃음이 번지고 마음이 편안해질 것이다.

숲 속에서 느낀 시원하던 순간을 떠올리는 것도 좋은 방법이다. 온몸의 지친 세포가 자연의 감동으로 새로워지면서 신선한 기운이 온몸을 감돌아 흐를 것이다. 그래도 안 되면 땀 흘려 운동을 하거나 마사지를 받아 보는 것도 좋다. 목이나 어깨 등 누르면 특별히 아픈 부위가 있을 것이다. 기가 뭉쳐 있는 부위다. 이곳을 잘 풀어 주어야 한다. 그대로 두면 근막염을 비롯해 여러 가지 병을 유발할 수 있다.

기가 막히면 통기를 해야 한다. 호흡을 천천히 깊이 하라. 호흡이 얕고 짧아도 살 수는 있지만 산소가 세포 구석까지 가진 않는다. 세포, 특히 뇌 신경 세포는 산소가 부족하면 기능이 약해지고 죽기도 한다. 세포가 활력에 넘치게 하려면 호흡을 깊이 해야 한다. 우주의 기운이 세포 구석까지 가게 해야 노폐물이 제거되고 통기가 잘된다. 이게 세로토닌 호흡법이다.

영어에선 흡기를 인스퍼레이션(Inspiration)이라고 한다. 'In-Spirit', 즉 우주의 혼을 안으로 넣는다는 뜻이다. 그리고 이 말이 '영감'이라는 뜻으로도 쓰이는 이유를 잘 음미해 보기 바란다.

2장

간절히 원하면 이뤄지는 뇌 과학 기전

우리 몸의 최고 사령부 뇌. 그중에서도 특히 전두엽은 가능성이 무궁무진하다. 생각을 긍정적으로 바꾸고, 내 행동이 나도 모르는 사이에 목표를 향하도록 하는 것도 전두엽이다. 전두엽의 구체적 활용법을 익혀라. 간절히 바라면 이뤄지게 해 주는 것은 보이지 않는 우주의 힘이 아니라, 바로 당신의 뇌다.

HERE
&
NOW

ALL THAT SEROTONIN

차 엔진도 평소에 관리를 잘 해 주어야 악천후나 좋지 않은 도로에서도 잘 달릴 수 있다. 차는 수많은 부속으로 이루어져 있으며, 이것들이 조화롭게 균형을 이루어야 잘 달린다.

뇌도 이와 다르지 않다. 그 많은 신경 세포와 회로의 각기 다른 기능들이 조화를 이루어 잘 기능해야 한다. 그러기 위해선 평소 관리를 잘 해 주어야 한다.

차는 휴식을 취할 수 있지만 딱하게도 뇌는 24시간 일을 해야 한다. 뇌는 24시간 일하면서 시간당 5그램, 하루 동안 120그램이 넘는 포도당을 사용하는 대식가다. 이것만 봐도 얼마나 중노동을 하는지 짐작할 수 있다.

우리가 '아무 생각 없이 멍청하게 있다' 고 생각할 때도 잠재의식은 쉬지 않고 움직인다. 심지어 자는 동안에도 꿈을 꾸지 않는가.

우리의 평범한 하루 생활이 너무 기계적이고 매너리즘에 빠졌다고들 하지만 뇌 입장에선 천만의 말씀이다. 느긋한 기상에 즐거운 식사, 출근 전쟁, 직장 스트레스, 퇴근 후 동료와의 대포 한잔에 이르기까지 뇌는 시시각각 변하는 상황에 맞게 기능을 잘해야 한다.

뇌 관리를 잘 해 두지 않으면 안 되는 이유가 분명해졌다. 스트레스에 적절히 대처하고, 같은 일이라도 노력이 덜 들도록 효율적으로 하며, 나아가 남이 미처 하지 못한 창조적 아이디어를 발휘할 수 있도록 하는 것도 뇌 관리의 일종이다. 그래서 뇌를 제대로 활용할 수 있는 방법을 익혀야 한다.

이를 위해선 먼저 뇌를 알아야 한다. 뇌에 관한 한 현명한 정비사가 되어야 한다. 방법만 안다면, 뇌의 정비사가 되는 일은 생각만큼 어렵지 않다. 먼저 뇌의 최고 사령부, 전두엽에서부터 시작하라.

전두엽을 주목하라!

신문에 사기꾼 이야기가 자주 나온다. 그 수법이 기가 막힌다. 가히 천재 수준이다. 그러니까 사람들이 넘어가겠지. 그 좋은 머리로 좋은 일을 해서 돈을 벌 것이지 왜 사기를 칠까? 그 머리로 옳게 돈벌이를 했다면 틀림없이 부자가 되었을 텐데, 안타깝다.

결국 들통이 나 철창 안에 갇힌다. 풀려 나오면 똑같은 짓을 또 한다. 형사는 범행 수법을 보면 누가 한 짓인지 단번에 안다고 한다. 쯧쯧. 잡히는 건 시간문제다. 이런 사기 역시 전두엽이 저지른 나쁜 작품이다. 왜 인간 최고의 사령부에 이런 나쁜 중추가 있는 걸까? 의문이 들겠지만 그게 삶의 묘미다.

왜 전두엽에 긍정적 기능과 부정적 기능이 함께 있을까? 긍정적 기능만 있다면 얼마나 살기에 편하고 행복할까? 근심, 걱정, 비관, 번민, 슬픔, 시기, 질투 등 이런 부정적인 것들이 없다면 얼마나 좋을까? 누구나 해 보는 의문이다. 정신과 진료를 하노라면 더더구나 그렇다. 정신과는 사람들이 이런 부정적인 일들로 찾기 때문이다.

세상일이 어디 좋은 것뿐이던가. 온갖 나쁜 일, 못된 일이 다 벌어지는 곳이 세상이다. 그런 부정적인 일에도 잘 대비할 수 있어야 한다. 전두엽이 좋은 일, 나쁜 일을 함께 담당하게 된 건 이 때문이다.

전두엽은 양날의 칼이다. 어느 쪽을 어떻게 쓰느냐에 따라 인생의 성패가, 아니 운명이 결정된다. 그리고 그에 따라 삶의 질이 달라진다. 오늘의 위기에 전두엽 조절, 관리가 중요한 과제로 떠오른 건 그래서다(그림4 참조).

[그림 4] 뇌의 부위에 따른 기능

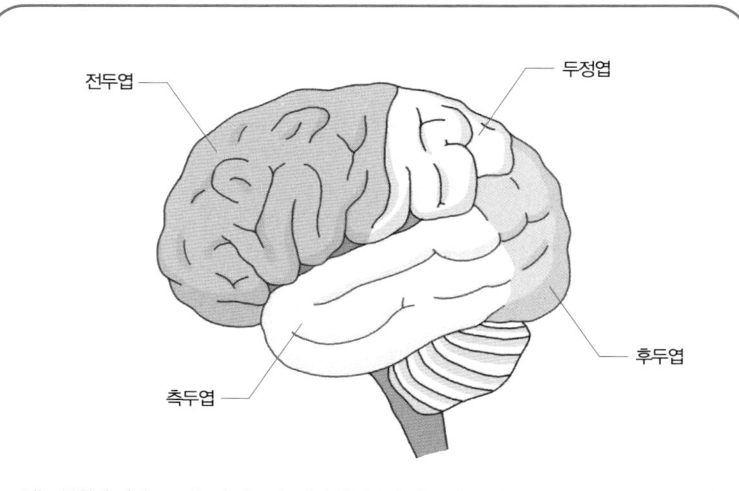

뇌는 부위에 따라 그 기능이 다르다. 뇌의 앞부분에 있는 전두엽은 고도의 사고와 감정 기능을 담당하고 있으며 인간이 인간일 수 있게 하는 최고 사령부다. 문제 해결력, 판단력, 미래 예측력 등 고차원의 사고도 여기서 한다. 인기, 명예, 자부심, 긍지, 감동, 의욕 등의 긍정적 감정도 여기서 일어나며, 낙관적인 성격도 이런 긍정적 감정에서 비롯된다. 특히 인간지고의 감정, 행복은 전두엽의 좌측에 있는 걸로 밝혀지고 있는데 이곳을 '행복 중추'라 부른다.

혹시 이런 사람을 본 적이 있는가? 돈도 많다. 좋은 집, 좋은 차. 멀쑥하게 차려입고 나서면 누가 봐도 근사하다. 본인도 '이만하면……' 하고 으쓱한 기분이 들 것이다. 남들 눈에도 제법 그럴듯해 보인다. 부러운 시선으로 보는 사람도 있을 것이다. 하지만 조금만 기다려라! 다음 순간 실망한다. 그가 쓰는 말 한마디, 행동거지, 마음 씀씀이까지 도대체 품격이 없다.

속물근성이 바로 보인다. 천박한 말씨, 거친 매너, 어느 한구석 교양미가 없다. 품위도 품격도 없고, 나눔도 베풂도 없다. 돈은 있어도 가슴이 없다. 인격이 없다. 저런 위인한테 어떻게 돈이 붙었지? 사기꾼? 투기꾼? 별 생각이 다 든다.

이런 사람의 뇌 과학적 진단은 '전두엽 미숙아'. 전두엽이 발달하지 못한 사람이다. 가장 인간스러운 고등 감정, 사고나 가치 판단을 하는 이 중요한 기관이 미숙한 것이다. 해서 그가 하는 짓은 동물적이다. 신피질보다 변연계 우위의 인간이다. 원시적이고 즉흥적이며 지극히 속물적일 수밖에 없다.

딱하게도 우리 주변엔 이런 위인이 적지 않다. 이런 사람이 제법 큰소리치는 세상이 되어 간다는 게 현대 사회의 불행이요, 위기다. 존경은커녕 인간 대접도 받지 못한다. 딱히 범죄를 저지르거나 반사회적 행동을 한 것도 아닌데 끝내 경멸의 대상이 된다. 누구도 그의 말에 귀를 기울이지 않는다. 결국 소외된다.

전두엽은 인간이 인간일 수 있는 고등 감정과 사고의 최고 사령부다. 인기, 명예, 자존심, 긍지, 행복, 의욕, 보람, 감동, 그리고 고도의 창조성과 상황 분석, 판단, 예지력까지 모두 전두엽이 관장한다.

문제는 이런 긍정적 측면만 있는 게 아니라 부정적 측면도 동시에 있다는 점이다. 시기, 질투, 슬픔, 설움, 불행, 우울, 불안, 근심, 걱정, 고민…… . 끝이 없다. 좋은 것만 있지 왜 이런 나쁜 것까지 있을까?

이게 전두엽이 우리에게 던지는 엄한 교훈이다. 좋다고 너무 우쭐대지 말 것이며 나쁘다고 너무 실망하지 말라는 뜻이다. 좋을 때 나쁜 걸 대비하고 나쁠 때도 희망이 있다는 교훈이다. 전두엽이 위대한 것은 이런 부정적 측면도 함께 있기 때문이다.

전두엽 발달은 어릴 적부터의 가정 교육, 가문의 전통, 분위기, 교양, 그리고 여러 가지 사회 환경적 요인의 복합 작용으로 형성되는 인간지고의 과제다. 결론은 분명하다. 미숙한 전두엽으론 위기를 헤쳐 나갈 수 없다.

인간이 인간일 수 있게 하는 중추

알다시피 전두엽은 뇌의 최고 사령부다. 온몸의 모든 반응이 전두엽 지령에 따라 일어난다. 그러나 여기는 생명과 직접 연관은 없다. 전두엽 없이도 살 수 있다. 단, 식물인간처럼 희로애락의 감정이 없다.

옛날엔 끔찍한 연쇄 살인범에게 전두엽 절제술을 실시하기도 했다. 여기가 증오심, 살인 계획 등을 세우는 중추이기 때문이다. 불치의 정신 분열병 환자에게도 전두엽 절제술을 시행했는데 요즘은 인권 문제로 논란이 되어 실시하지 않고 있다.

전두엽은 인간이 인간일 수 있게 하는 중추다. 특히 전두엽 중 앞쪽에 위치한 전두전야가 양심, 윤리, 규범, 희생 등 인간지고의 중추적 역할을 한다. 따라서 전두엽은 다른 뇌 부위보다 구조가 훨씬 더 복잡하고 예민하게 되어 있다. 고령이 되면 뇌 전체는 6퍼센트 정도 위축되지만 전두엽은 관리를 잘못하면 29퍼센트까지 위축이 진행된다. 이렇게 되면 '진짜 노인'이 된다. 살아도 사는 게 아니다.

바야흐로 100세 시대. 전두엽 관리가 중요한 과제로 떠오르는 이유가 여기 있다. 노화는 '감정의 노화'에서 비롯된다. 특히 인간의 고등 감정, 행복, 긍지, 시기, 질투 등이 없어지면 제대로 사는 게 아니다. 좀 극단적인 표현을 쓰자면 동물과 다르지 않다.

전두엽 관리는 곧 세로토닌 활성화와 직결된다. 전두엽이 긍정적인 방향으로 잘 조절되면 세로토닌 상태가 활성화된다. 동시에 그 역도 성립한다. 세로토닌이 활성화되면 전두엽 조절이 긍정적인 쪽으로 잘된다. 즉 양 방향성이다.

전두엽 관리 수칙 제1조는 '감동하라'이다. 전두엽이 긍정적인 상태로 조율되면 일상의 작은 일에도 쉽게 감동한다. 감동을 느끼면 세로토닌이 분비된다. 그 역도 성립된다. 세로토닌이 적정 수준이면 작은 일에도 쉽게 감동, 절로 전두엽이 긍정적인 쪽으로 조율된다.

반대로 세로토닌이 결핍되면 미움, 공격, 폭력, 그리고 걷잡을 수 없는 중독 상태로 빠져든다. 이럴 때 전두엽은 완전히 부정적인 쪽으로 기운다. 세로토닌 부족은 우울증을 부르고, 사람을 자살로 몰고 갈 수도 있다.

이런 상호 관계는 아이러니다. 세로토닌 신경은 원시적 파충류 뇌라 불리는 뇌간에 있는데, 이게 어떻게 인간 뇌의 최고 사령부인 전두엽에 영향을 미칠까? 그것은 뇌간의 세로토닌 신경이 전두엽은 물론 온 뇌에 넓게 뻗쳐 있기 때문이다. 전두엽의 기능도 뇌간이 조절한다. 그만큼 세로토닌이 중요한 물질이다.

따라서 전두엽 관리의 구체적이고 실천적인 기법은 세로토닌 활성화에 다름 아니다. 문제는 그 관리가 절로 되지 않는다는 것이다. 작은 노력이 필요하다.

| **Serotonin Point** |

젊음과 활력을 조정하는 뇌

'마음이 젊으면 몸도 젊어진다.'

사람들은 이 말을 잘 믿으려 들지 않는다. 하지만 수많은 뇌 과학적 실험 결과가 이를 뒷받침하고 있다. 젊음은 꿈과 희망, 활력, 의욕으로 넘친다. 이런 것들이 변연계를 활성화해서 시상 하부의 모든 호르몬 분비를 촉진시킨다.

마음이 젊어야 몸이 젊어진다. 못 믿겠다면 그것도 당신의 자유다. 대신 늙는다고 탄식은 하지 마라.

당신의 뇌가
도와줄 것이다

세계적으로 인기를 끈 《시크릿》이란 책은 '간절히 원하면 이뤄진다'는 단순한 명제로 공감을 얻었다. 그런데 실제로 우리 뇌에는 이것을 가능하게 하는 놀라운 기능이 있다. 바로 잠재의식 기능이다. 잠재의식은 아직 완전히 밝혀내지 못한 신비스러운 부분이긴 하지만.

며칠을 고민해도 풀리지 않는 문제! 점점 머리만 복잡해져 일단 한숨 자기로 한다. 그런데 다음 날 일어나니 갑자기 아이디어가 떠오른다. 문제 해결의 열쇠를 찾은 것이다. 신기한 일이다. 누구나 한 번쯤 이런 경험을 해 봤을 것이다. 운이 아니다. 바로 우리 뇌의 잠재의식이 한 일이다.

우리 의식이 열심히 고민하고 연구하며 생기는 모든 아이디어는 잠재의식 속에 차곡차곡 쌓인다. 그리고 우리도 의식하지 못하는 사이 그 모든 정보가 잠재의식 속에서 융합, 새롭게 연결되면서 완전히 다른 아이디어로 탄생하는 것이다.

간절히 바라면 이뤄진다! 우리 조상은 이미 그걸 알고 있었다. 소원을 이루기 위해 정성스럽게 백일기도를 했다. 정성을 다해 기도하는 동안 전두엽과 측두엽에 문제에 대한 정보가 끊임없이 입력되고, 우리 뇌의 잠재의식은 그 정보를 토대로 해결책을 찾아낸다. 그리고 나도 모르는 사이 내 마음도 그 방향으로 움직인다. 문제 해결에 한 걸음 가까워지는 것이다.

소원이 이뤄진다는 희망만 품어도 뇌 속에선 벌써 행복 물질인 세로토닌이 분비된다. 기도하는 사람의 진지하고 편안한 모습을 보면 알 수 있다.

'플라세보 효과(위약 효과)'라는 말을 들어 봤을 것이다. 아무 효능도 일으키지 않는 물질로 된 약을 먹었는데 실제로 몸이 나아지는 현상을 의미한다. 우리가 흔히 먹는 비타민을 수면제라 생각하고 먹으면 실제로 잠이 잘 오고, 진통제라 생각하고 먹으면 진짜로 고통이 줄어든다.

이렇듯 가짜 약이 효과를 발휘하는 이유는 뇌가 그것을 믿기 때문이다. 그러면 우리 몸도 실제로 그렇게 반응한다. 가짜 약 덕분에 뇌 속에 플러스 파워가 생기면서 근심, 스트레스, 아픔 등의 마이너스 파워가 약해진다.

간절히 기도하면 뇌는 그것이 이루어질 수 있다는 확신을 강하게 갖는다. 그러면 뇌 속에 플러스 파워가 생기고, 결국 몸이 그렇게 반응한다. 바라는 게 있으면 기도하라. 그리고 그렇게 될 수 있다는 희망을 가져라. 당신의 뇌가 도와줄 것이다.

| 거짓말에 대한 유혹을 조절하는 힘

굴지의 식품 업체인 풀무원 초창기 시절, 직원들을 위한 강연을 요청 받았다. 가 보니 초라한 2층 사무실, 몇 안 되는 직원이 바쁘게 움직이고 있었다. 에계계, 이게 뭔가. 은근히 실망했다. 강의를 하기 전부터 맥이 빠지는 느낌이었다.

하지만 그런 생각은 잠시, 그들의 열정 앞에 나는 갑자기 뜨거워졌다. 유기농 농산물을 공급하겠다는 야심 찬 의욕 덕분이었다. 하지만 이 불신 사회에서 누가 그걸 믿어 줄까? 그러나 그들의 신념은 대쪽 같았다. 해 내겠다는 것이다. 이 불신 사회에 정직을 팔고, 신용을 팔아 장사를 하겠다는 그들의 의욕이 놀라웠다.

그날 이후 나는 풀무원의 후원자가 되었다. 글에서, 강연에서 외쳐 댔다. '풀무원이 잘되어야 이 나라에 신용 사회가 정착된다'고.

다행히도 풀무원은 승승장구, 세계적 기업으로 급성장하고 있다. 정말 기분 좋은 일이다. 이것은 단지 한 기업의 성공 스토리가 아니다. 불신 사회에 믿음의 씨를 심고 키움으로써 나라의 품격을 드높인 쾌거다. 정직과 신용이 성공할 수 있다는 표본을 보여 준 것이다.

서울대 문용린 교수는 '우리 한국 사회의 결정적 취약점은 정직 결핍증'이라고 단언한다. 정직 없이 나라의 미래는 없다. 딱하게도 우리는 정직하지 못하다. 어릴 때부터 그런 모습을 보고 자라기 때문이다. 아이가 부모에게 온 전화를 받는다. 귀찮은 전화다.

"없다 그래!"

이런 말을 아무렇지도 않게 한다.

우리는 과정보다 결과를 중요시한다. 모로 가도 서울만 가면 된다. 어떻게 가느냐가 아니라 얼마나 가느냐다. 사기를 쳐도 부자만 되면 그만이다. 정치인도 마찬가지. 부정을 해도 당선만 된다면! 하지만 그런 억지와 무리가 얼마나 가던가. 금배지를 떼야 하고 자칫하면 영창 신세다. 이래서야 개인도 기업도 오래가지 못한다.

나는 선진국을 '결과보다 과정을 중시하는 나라'라고 정의한다. 일본이 패전의 아픔을 딛고 선진국으로 우뚝 설 수 있던 것도 정직 덕분이었다. 실제로 선진국에서 성공한 사람들의 성공 요인 중 가장 중요한 덕목은 정직이다. 이제 우리 사회도 많이 좋아졌다. 그러나 아직도 거짓말, 부정, 부패가 만연해 있다.

이젠 성공만이 아니다. 건강도 정직이 만든다. 전화 소리에 가슴이 철렁한다면 건강할 수 없다. 하늘을 우러러 한 점 부끄러움이 없어야 한다.

이게 전두엽 관리의 진수다. 전두엽 관리를 잘하는 사람은 빛이 난다. 이들은 우선 겁이 많아서도 거짓말을 하지 못한다. 들통이 났을 경우를 생각하면 끔찍하다. 이들은 양심적이라기보다 소심하다. 거짓말도 태연히 하려면 상당한 용기와 배짱이 있어야 한다.

누구나 거짓말에 대한 유혹을 받게 된다. 당장의 위기를 면할 수 있고 눈앞의 소리(小利)를 취할 수도 있기 때문이다. 이런 유혹은 전두엽의 부정적 측면이다. 그러나 전두엽 관리를 잘하는 사람은 그럴 배포가 없다. 소심해서다.

나이를 먹으면서 소심증은 양심으로 승화되고 곧 인격자로 추앙을 받게 된다. 거짓말에 대한 유혹을 조절할 수 있는 것 역시 성숙한 전두엽의 중요한 기능이다.

기를 살려라, 에너지를 뻗쳐라

기는 에너지다. 눈으로 볼 수는 없지만 느낄 수는 있다. 기를 살려야 한다. '기가 죽으면' 시합에서 이길 수 없다. 사기(士氣)를 돋우어 '용기(勇氣)'를 내야 패기(覇氣)만만해져 이길 수 있다. 이게 바로 '에너지 확대의 법칙'이다. 넓은 강당에 혼자 서 보라. 내가 너무 작아 보이고 기가 움츠러드는 걸 느낄 수 있다. 이게 '에너지 축소 현상'이다. 생기, 활기, 기운, 기세……. 기와 관련된 우리말은 헤아릴 수 없이 많다. 기를 살려야 한다.

위기를 돌파하는 힘,
'리질리언스' 키우기

지금은 위기지만 우리에게도 잘나가던 시절이 있었다. 한강의 기적, 세 마리 용, 88올림픽, 월드컵…… . 그리 먼 이야기도 아니다. 그 처참한 전쟁의 폐허 위에 가히 기적을 일구어 냈으니, 우리의 기세는 하늘을 찔렀다. 긍지와 자부심에 넘쳐 있었다. 뇌 과학적으로 말하자면 신나는 환희의 엔도르핀 시대였다.

문제는 이게 오래가지 않는다는 점이다. 잘할 땐 기가 막히게 잘하다가 다음 순간 한심할 정도로 못한다. 하늘을 찌를 듯 우쭐대다가 그만 또 기가 죽어 우울해하며 허탈감에 빠진다. 작은 자극에도 과잉 반응으로 감정의 동요가 심하다.

이렇듯 우리는 전형적인 조울증 체질이다. 우울할 땐 어제까지의 그 신나는 일들을 까맣게 잊어버린다. 좋았던 시절을 생각할 수만 있어도 지금의 우울증은 한결 덜할 것이다.

우리는 매사에 감정적이다. 합리적인 대화로 문제를 풀어 가기보다 감정부터 앞선다. 목소리 큰 사람이 이기게 되어 있다. 외국인은 우리를 보고 '직정적(直情的)'이라고 표현한다. 감정을 있는 그대로 토해내 버린다. 절제가 없다.

일상적인 대화도 외국인이 옆에서 들으면 꼭 싸우는 것 같다고 한다. 집회도 과격해질 수밖에 없다. 고이 말로 해선 안 된다. 물리적으로 막 밀어붙인다. 억지다. 합리적인 논쟁이나 설득, 타협, 절충을 할 줄 모른다.

국회도 예외가 아니다. 다수결 원칙을 알기나 하는지 기가 찬다. 당당히 논쟁을 벌여 국민의 심판을 받을 일이지 어쩌자고 걸핏하면 물리력으로 막고 밀어붙이고 폭력이 난무하는가 말이다.

의사 표현도 그러하지만 감정 표현에는 더더구나 절제가 있어야 한다. 우리는 너무 감정적이고 직정적이다. 사회가 너무 과격하고 시끄러워 도대체 안정감이 없다. 나라의 품격이 말이 아니다.

게다가 조울증 체질이라 도대체 종잡을 수가 없다. 성이 나 펄펄 끓다가도 그만 까맣게 잊어버린다. 냄비 체질이라는 말도 그래서 나왔을 것이다. 정치인이 거짓말을 밥 먹듯 하는 것도 국민의 이런 망각증을 믿기 때문이다. '죽일 놈'이라고 온 나라가 펄펄 끓었는데 얼마 후엔 슬그머니 또 나타난다. 그러곤 제법 한자리 차지한 인사가 어디 한둘인가.

우리는 잘 끓고 잘 잊는다. 과격하다. 열정이란 이름으로 봐주기엔 너무 지나치다. 이젠 합리적인 사람, 차분한 사회가 되어야 한다. 이런 극심한 부침을 적정한 수준에서 조절할 수만 있다면 우리는 정말이지 천하무적이다.

| 적절한 좌절과 스트레스를 통해 큰다

1990년대 말의 IMF도 그랬지만 이번 월가에서 시발된 경제 위기는 그 파장이 지구촌을 강타한 세계적 규모였다. 물론 우리도 흔들렸다. 하지만 우리는 어느 나라보다 빨리 위기에서 탈출했다.

도대체 그 저력의 정체는 무엇일까? 정치적 · 경제적 측면만으론 해석할 수 없는 한국인 특유의 무엇이 있다. 한마디로 회복이 빠르다. 우리 민족 특유의 복구력이다.

바닥에 떨어져도 결코 주저앉지 않고 버티는 지구력에서, 그 강한 집념에서 누구도 우리를 당해 낼 자 없다. 수많은 외침에도 끊이지 않고 면면히 이어 온 우리의 역사가 이를 증언하고 있다. 세계 지도에 보이지도 않는, 그나마 반 토막인 이 작은 나라가. 이게 복구력이요, 이게 한국인의 저력이다.

정신 의학에선 복구력을 '리질리언스Resilience'라 부르는데 이는 역경을 통해서만 형성되는 능력이다. 역경 속에서 적절한 좌절과 스트레스를 통해 길러지는 힘이다.

폴 스톨츠가 고안해 낸 역경 지수AQ : Adversity Quotient에 대해 들어 본 적이 있는가? 역경에도 굴하지 않고 끝내 이겨 내는 능력을 말한다. 실패에도 좌절하지 않고 자신의 지혜와 노력으로 이겨 내는 능력이

다. 밟힌 잡초가 뿌리를 깊이 내려 어떤 환경에도 견뎌 낼 수 있는
것처럼, 가물고 거친 들판에서 자란 포도가 명품 와인을 만드는 것
처럼.

| 작은 실수가 더 큰 성공을 부르는 이유

성공하는 사람들에게 지성 지수IQ, 감성 지수EQ보다 높게 나타
나는 것이 바로 역경 지수다. 역경 지수가 높은 이들의 특징은 이
렇다.

첫째, 지금의 역경이나 실패 때문에 다른 사람을 비난하지 않는
다. 둘째, 자신을 비난하지도 않는다. 셋째, 지금 이 문제가 언젠가
끝난다는 것과 충분히 헤쳐 나갈 수 있다는 것을 안다. 이러한 역경
지수는 실패를 많이 한 사람일수록 높다.

단, 여기에는 조건이 있다. 역경을 거친다고 무조건 역경 지수가
높아지는 건 아니다. 왜 실패했는지 진지한 자기 성찰과 겸손을 통
해 배울 수 있어야 한다. 그래야 다시 일어설 수 있는 힘이 길러지
는 것이다.

작은 실패와 좌절이 사람을 강하게 만든다. 작은 실수가 저항력
과 복구력을 길러 주기 때문이다. 순풍만선(順風滿船)만이 능사는 아
니다. 때론 역풍도 풍랑도 만나야 강해질 수 있고, 그래야 어떤 역
경도 이겨 낼 수 있다.

현명하고 슬기로운 대처만이 위기를 이겨 낼 수 있게 한다는 결

론이다. 위기는 외부에서 오지만 이를 해결하고 극복할 수 있는 힘은 우리 내부에서 비롯된다는 사실을 다시 한 번 상기하자. 당신의 역경 지수는 얼마인지 궁금하다.

남 탓보다
내 탓이 더 위험하다

질문을 하겠다. 당신에게 좋은 일과 나쁜 일 가운데 어느 것이 먼저 일어날 것이라고 생각하는가? 좋은 일? 나쁜 일? 당신의 대답이 궁금하다. 좋은 일이었으면 좋겠다.

실제로 대개의 사람들은 좋은 일이 먼저 일어날 거라고 생각한다. 이건 인간의 본능이다. 만약 늘 비관적으로 생각한다면 인류는 이미 멸종하고 말았을 것이다. 자살인들 왜 안 하겠는가.

인간은 객관적 사실보다 낙관적으로 보는 성향이 강하다. 이 점에서 특히 한국인은 미련할 정도로 낙관적이다. 이것은 전두엽을 중심으로 모든 걸 낙관적으로 보는 회로가 있기 때문이다.

뇌 과학에선 이를 '낙관 회로Optimism Circuit' 라고 부른다. 이 회로는 좌측 전두엽의 행복 중추와 나란히 하고 있어서, 여기가 작동하면 온 뇌가 밝고 긍정적인 무드로 넘쳐 난다. 여유와 플러스적 감정

및 사고로 조화로운 심포닉 무드Symphonic Mood에 젖게 된다. 이런 사람과 함께 있노라면 그 밝은 기운이 내게도 전달돼 오는 것을 느낄 수 있다.

뇌 과학에선 이를 '거울 신경 세포Mirror Neuron' 현상으로 설명한다. 거울 신경 세포는 본래 동물이 어떤 행동을 할 때나 다른 동물의 움직임을 관찰할 때 활동하는 신경 세포다. 그래서 상대를 관찰하는 동안 마치 내가 그 행동을 하는 것처럼 느끼게 만든다.

상대가 웃으면 내 속에 있는 거울 신경 세포가 작동해 나도 덩달아 웃게 되는 것이다. 하품이 전염되는 것도 그래서다. 남을 도와주고 그가 기뻐하면 나도 기뻐지는 이타적 행위의 기본도 여기서 비롯된다.

이게 사람을 끄는 힘이다. 이런 사람 주위엔 절로 사람이 모여들게 마련이다. 이 힘이 성공과 출세의 기본 발판이다.

| 비관 회로가 가져오는 실패의 프로세스

앞에서도 밝혔지만, 전두엽에는 긍정만이 아니고 부정적 감정인 시기, 질투, 미움, 불행도 함께 있다. 여기가 비관적 성격의 현주소다.

비관적인 사람에겐 매사가 안 되는 일뿐이다. 비관 회로가 발달하면 뇌는 온통 부정적인 감정과 생각에 휩싸인다. 뭔가를 해 볼 자신도 없고 의욕도 없다.

이런 사람과 함께 있으면 나까지 힘이 빠진다. 불평불만이 많아질 수밖에 없다. 뭘 하든 안 될 것이라는 생각에서 출발하니 될 일도 정말 안 된다. 하면 된다는 자신감이 넘치게 하는 낙관 회로와는 너무나 다르다.

'나는 형편없어. 난 바보야. 이 모든 게 내 탓이야.'

이런 생각을 하면 우리 뇌 속에선 부정적인 회로가 작동한다. 자포자기, 절망의 늪으로 빠지게 된다.

자기를 비하하고 자학하는 사람은 행복을 잃게 된다. 모든 것을 자기 탓으로 돌리는 자책과 책임을 지는 것은 그 의미가 전혀 다르다. 책임지는 사람은 '내 탓이오' 라는 말을 함부로 하지 않는다. 객관적이고 합리적인 원인 분석을 한 후 책임질 일이면 조용히 떳떳하게 책임진다.

일이 잘못되었을 때 객관적이고 합리적인 원인 분석을 해야지, 이렇게 자기 비하로 흘러가선 안 된다. 남 탓만 하는 것만큼이나 내 탓만 하는 것도 위험하다.

사람은 하루에 6만 가지 생각을 하는데 그중 95퍼센트는 그 전날, 혹은 그 전전날에도 했던 생각이다. 그리고 그중 80퍼센트가 부정적인 생각이다.

건설적인 해결책 없이 마음만 괴롭게 하는 것은 문제 해결에 전혀 도움이 되지 않는다. 오히려 뇌 속에 불안·우울 물질을 분비시켜 문제를 더 악화시킬 수 있다. 비관 회로, 부정적 사고가 위기를 부르고 그게 위기를 증폭시킨다.

위기가 몰아칠수록 자기 자신을 지켜야 한다. 긍정적인 마음과

차분함, 문제를 직시할 수 있는 내면 성찰이 무엇보다 필요한 시
대다.

낙관 회로가 만들어 내는
놀라운 긍정의 마법

초등학교 때 뜀틀을 처음 뛰어넘던 상황을 생각해 보자. 신피질이 '뛰자'고 한다. 이때 전두엽은 해마와 편도체에게 물어본다. 해마에게는 그 전에 비슷한 걸 뛰어넘은 기억이 있는지 묻고, 편도체에게는 '안 다칠까? 안 무서울까?' 라고 묻는다. 이를 종합해서 뛸지 안 뛸지를 전두엽이 판단한다.

낙관 회로를 가진 자의 대답은 당연히 '예스Yes'. 해마가 '처음 뛰어 보는 뜀틀이지만 비슷한 경험이 있어'라고 답한다. 편도체도 '문제없어. 자신 있다'라고 답한다. 해마와 편도체의 대답이 이렇게 '예스'면 전두엽은 '뛰자'고 판단한다. 그러곤 힘차게 달려 나가 용감하게 뛰어넘는다.

성공이다! 그 감동이라니! 성공적으로 뛰어넘은 순간 뇌에선 감동 물질인 도파민, 세로토닌이 펑펑 쏟아진다. 작은 위험을 뛰어넘은 보상 물질이다. 칭찬도 듣고, 한마디로 기분 째진다.

'낮은 걸 뛰어넘었으니 다음엔 좀 더 높은 것을 뛰어넘자.'

이렇게 해서 작은 성공이 큰 성공을 부른다.

이게 낙관 회로가 성공 회로를 만드는 뇌 과학적 기전이다. 즉 '작은 체험 → 낙관 회로의 자신감 → 용감한 도전 → 작은 성공 → 감동과 칭찬 → 더 큰 도전 → 큰 성공' 으로 이어지는 것이다.

비관 회로는 모든 과정에서 이와 반대다. 해마와 편도체 모두 대답은 '노 No' 다.

'예전에도 걸려 넘어졌어. 안 돼! 무서워. 다칠 거야.'

이런 상황에선 뛰자는 판단이 나오지도 않을뿐더러 설령 뛰더라도 넘을 수가 없다. 자신 없이 어물거려선 탄력이 붙지 않아 넘지를 못한다. 그 앞에서 포기하거나 중간에 털썩 걸터앉고 만다. 그러면 뇌는 생각한다.

'역시 난 안 돼.'

이게 비관 회로가 만든 실패 회로의 귀결이다.

우리는 여기서 성공과 감동의 관계를 잘 살펴봐야 한다.

'난 잘하고 있어. 천재야. 난 행복해.'

이런 감동의 순간, 감동 물질이 분비되면서 뇌 속에 새로운 성공 회로가 형성된다. 해마에는 성공을 기억하는 회로가, 편도체에는 만족을 느끼게 하는 긍정 회로가, 그리고 신피질 전두엽에는 새로운 성공 회로가 자리 잡혀 간다.

작은 성공이 잔잔한 감동을 부르고 큰 성공을 만들어 낸다. 그러곤 끝내 벅찬 감동으로 이어진다. 한마디로 감동 없이 성공 없다. 비 온 뒤의 죽순처럼 인생의 한 마디가 성큼 자라는 것이다.

현대 사회에선 사자를 만날 일이 없지만, 대신 시험이나 다이어트라는 무서운 괴물이 편도체를 위협하고 있다. 중요한 시험일수록 두려움이 커지고, 집중도 기억도 안 된다. 신피질에선 '해야 한다'고 의욕을 내지만 편도체는 매사 조심해야 한다. 여기가 생명의 중추이기 때문이다. 작은 이상이나 변화에도 즉각 비상벨을 울려 경보를 발령한다. 이땐 신피질도 약해질 수밖에 없다.

열쇠는 이 공포를 흥분으로 바꾸는 일이다. 성공한 사람들은 이 점에서 능하다.

성공 법칙 제1조 '불평하지 않는 것'

상습 불평꾼이 있다. 아주 습관적이다. 그에겐 모든 게 남의 탓이고, 자기는 피해자일 뿐이다. 그에겐 과거가 현재보다 힘이 세다. 그래서 내가 이 모양이라고 확신하고 있다. 누구도 그런 인간을 좋아하지 않을 것이다. 그와 함께 있으면 괜히 나까지 짜증이 난다. 기피 인물 1호다. 그가 하는 일이 잘될 리 없다. 불평을 말하면서 자꾸 귀찮은 문제를 불러일으킨다. 그의 뇌 속에 부정적 회로가 생기기 때문이다.

기억하라. 성공의 제1법칙은 불평하지 않는 것이다.

습관을 바꾸고 미래를 바꾸는
뇌 과학의 힘

우리는 습관과 전쟁 중에 있다. 해야 하는 줄 알면서 시작도 못 하는 습관, 하지 말아야 하는 줄 알면서 중단을 못하는 습관. 어느 쪽이든 습관이란 마음먹은 대로 되지 않는 고약한 괴물이다.

단단히 결심하고 강한 의지로 시작은 했지만 작심삼일, 그만 마음이 약해지고 만다. 억지로 하는 데 따른 스트레스를 방어해 주는 부신 피질의 코르티솔(스트레스 등 외부 자극에 맞서 신체가 대항하도록 하는 호르몬)이 바닥났기 때문이다. 강한 의지만으로 고쳐지는 게 아니라는 결론이다.

그 열쇠는 역시 뇌에 있다. 뇌를 잘 조율해야 습관도 쉽게 고칠 수 있고, 그게 우리 운명을 결정해 주는 계기를 만들어 주기도 한다.

습관이란 무의식중에 절로 되는 행동이다. 좋은 습관이든, 나쁜 습관이든. 습관적 행동이 형성되어 있지 않으면 엄청난 정신 에너지가 소모된다. 아침에 일어날까 말까, 세수를 할까 말까, 밥을 먹을까 말까, 옷을, 출근을…… 끝이 없다. 이 모든 일을 의식적으로 결정하려면 출근도 하기 전에 나가떨어질 것이다. 고맙게도 습관 덕분에 그 많은 일에 쓰일 정신 에너지를 절약할 수 있다. 이를 정신 분석에선 '정신 에너지의 법칙Law of Psychic Energy'이라고 부른다. 이렇게 절약한 에너지를 창조적인 일에 쓸 수 있다. 따라서 습관이란 고도의 정신 기능이다.

습관은 '전두엽-편도체-해마'의 삼각 체제로 형성된다. 아침에 일어나는 문제를 예로 들어 보자. 먼저 전두엽에서 '출근해야지! 일어나!'라고 명령한다. 그러면 편도체가 '싫지만 출근해야 하니까 할 수 없지' 하면서 일어날 것을 결정하고, 해마는 '자주 하는 걸 보니 중요한 일인가 보다, 기억해 둬야지' 하며 기억해 둔다. 이런 단기 기억이 매일 계속되면 차츰 중장기 기억으로 측두엽이나 뇌 전체에 저장된다. 이렇게 되면 아침 기상은 무의식적으로 이루어진다.

문제는 좋은 일뿐만 아니라 나쁜 일도 습관화된다는 사실이다. '승강기 대신 계단으로 오르자!'라고 전두엽에서 명령을 내리지만 편도체가 '편한 승강기를 두고 왜 그래?' 하면서 반발한다.

이렇듯 전두엽과 편도체는 언제나 갈등하고 긴장하는 관계다. 하지만 당장 큰일 날 것이 아니면 대체로 편도체의 판정승으로 끝난다. 이게 동물의 본성이다. 싫은 건 피하고 싶기 때문이다.

계단으로 오르지 않는다고 해서 당장 건강에 이상이 오진 않는다. 전두엽에선 좋은 줄은 알지만 우선 편한 쪽으로 편도체 기분에 따라가게 된다. 그러나 출근은 사정이 다르다. 안 하면 당장 큰 문제가 생기기 때문에 편도체는 싫어도 기상을 하게 한다.

습관은 자기도 모르게 절로 되는 마음 상태이기 때문에 나쁜 줄 알면서도 잘 고쳐지지 않는다. 의식적으로 하려고 해도 그만 관성의 법칙이 작용해 옛날로 돌아가 버린다.

좋은 습관을 들이기 위해선 편도체가 반발하지 않게 잘 다스려야 한다. 그게 전두엽의 몫이다. 전두엽이 관리를 잘하면 습관은 얼마든지 바꿀 수 있다. 얼마나 다행이고 고마운 일인가.

| 3주면 습관을 바꿀 수 있다

기억하라. 뇌에게 변화는 '위기'다. 변화는 언제나 스트레스를 동반하고 편도체를 자극해 조심하라는 경보 발령을 내게 한다. 인간은 이럴 때 자동적으로 새로운 변화에 저항, 원상회복을 하여 마음의 평정을 찾고자 한다. 이걸 뇌 과학에선 '항상성의 법칙Law of Homeostasis' 이라고 부른다. 도로 아미타불이다. 하지만 실망할 것 없다.

최근의 뇌 과학에선 '습관은 바꿀 수 있다'는 것이 증명되고 있다. 마음의 움직임은 심리적인 것으로 쉽게 바뀌지 않는다는 게 정설이었다. 그러나 뇌 내 물질이 마음을 움직인다는 것, 그리고 그 물질 또한 우리의 의식적 노력으로 바꿀 수 있다는 사실이 증명되고 있다. 문제는 어떻게 뇌 내 물질을 긍정적인 방향으로 바꾸느냐 하는 것이다. 열쇠는 물론 뇌 속에 있다.

첫째, 단칼에 하겠다는 생각을 버려라. 한국인은 혁신적인 것을 좋아한다. 화끈하다. 혁신이란 충격적이고 과격한 개혁이다. 이건 안 된다. 즉각 편도체가 반발하기 때문이다. 단기간의 무리한 다이어트가 왜 실패로 끝나는지 이제 잘 알 것이다. 혁신이 아닌 개선이라야 한다. 점진적으로 조금씩 해 나가야 편도체의 공포 반응 자극을 피해 갈 수 있다. 아무리 좋은 일도 편도체가 싫다는 것을 억지로 하면 작심삼일, 결국 실패하고 만다.

둘째, 작은 변화를 의식적으로 3주만 계속해 보라. 새로운 변화는 단기 기억으로 해마에 입력된다. 이를 반복하면 해마가 그 중요성을 인식하고 기억을 정리, 통합해 측두엽이나 뇌 전체에 정착시킴으로써 중장기 기억으로 이행, 저장된다. 이렇게 되면 무의식적으로 행동하게 되고, 이는 곧 습관이 된다. 의식적으로 하되 작은 일도 즐겁게 해야 필요한 여러 가지 호르몬의 지원을 받을 수 있다.

| **Serotonin Point** |

성패의 갈림길은 사소한 습관에 있다

회의 시간이 다 되었는데 부하 직원이 자료 준비를 안 했다. 손님은 오고. 그 때 당신의 반응은? 즉각 불평? 짜증? 잔뜩 화난 얼굴로 손님을 맞고 회의를 한다. 일이 잘되던가? 불평하는 순간 편도체 과열 현상이 일어나 분노하고 공격적으로 된다. 일이 될 리 없다.

그 에너지를 문제 해결에 써라. 덜 된 상태라도 상상력과 유연성을 동원해 보라. 그리고 유머를 잊지 마라. 승자는 해결책, 패자는 불평으로 시종한다. 이게 성패의 갈림길, 행복과 불행의 갈림길이다.

'이너 뷰티'를 가꿔라

'내부의 미', '내적인 미', '속 미인'……. 우리말로 쓰기가 좀 고약하지만 난 '이너 뷰티(Inner Beauty)'라는 말을 좋아한다. 얼굴에 화장을 예쁘게 한 외적인 미도 좋지만, 이를 위해선 시간과 돈, 그리고 상당한 노력이 필요하다. 게다가 위험이 따른다. 화장품 부작용만이 아니다. 건조한 피부에 윤기를 내려고 두껍게 떡칠을 하다 보면 때로는 역겨운 인상이 되기도 한다. 잘못하면 역효과가 날 수도 있다. 아주 얼굴을 망친 사람도 있다. 탄력 있는 피부, 윤기 있고 생기발랄한 피부가 바탕이 되지 않는 한 화장으로는 한계가 있다. '이너 뷰티'가 강조되는 것은 그래서다. 이게 진짜 미다. 화장으로 꾸민 게 아니고 자연적인 미다.

좋은 피부를 갖고 싶은 것은 모든 사람의 꿈이다. 그런데 우리의 일상생활은 그것과는 정반대다. 대표적인 게 스트레스에 대한 대처다. 이를 잘못하면 만성적인 세로토닌 부족 상태가 된다. 스트레스가 세로토닌의 재흡수를 방해하기 때문에 재고가 바닥이 나는 것이다.

세로토닌이 심하게 부족하면 우울증까지 온다. 우울증 환자의 표정을 보라. 내적인 미와는 거리가 멀다. 처진 어깨, 굽은 등, 느릿한 걸음은 물론 얼굴이 우거지상이 되어 10년은 늙어 보인다. 그래서 화장도 하고 웃기도 하지만 이는 억지웃음일 뿐이다. 정신과에선 이를 '스마일 울증'이라 부른다. 세로토닌 부족으로 항중력근을 받칠 힘이 없으니 웃긴 하지만 생기발랄한 웃음이 아니다.

그뿐 아니다. 당장 호르몬 대사에 이상이 오고 자율 신경 조절에 문제가 생긴다. 감정에 예민한 피부 세포가 정상일 수 없다. 혈액 순환이 잘되지 않고 땀샘 기능도 떨어진다. 내장 기관이 엉망이 되고 변비도 생긴다. 게다가 여성들의 심한 다이어트로 저대사증후군까지 오면 설상가상이다. 피부는 건조하고 탄력이 없어진다. 화장을 아무리 두껍게 해도 전문가 눈에는 속이 보인다.

스트레스 처리가 잘 안 되면 세로토닌이 부족해진다. 이는 곧 피부를 곱게 하고 다이어트에 중요한 성장 호르몬, 젊음을 가꾸어 주는 호르몬인 DHEA, 수면 호르몬인 멜라토닌의 감소를 초래한다. 아름다움과는 거리가 먼 사람이 된다.

결론은 속이 아름다워야 겉이 아름다워 보인다는 것이다. 그래서 최근에는 스트레스 클리닉에서도 '이너 뷰티'가 강조되고 있다.

3장

소리 없이 강한 나를 만드는 세로토닌 이펙트

전두엽의 무한한 가능성은 조절과 행복의 호르몬 세로토닌 없이는 불가능하다. 폭주하는 감정을 추스르고 말랑말랑한 두뇌를 만드는 세로토닌. 당신의 마음이 흔들린다고 느껴진다면, 그때가 바로 세로토닌이 필요한 시점이다. 조용히, 온화하게, 그러나 무엇보다 강력하게 당신의 마음을 지켜 줄 것이다.

HERE
&
NOW

　최근의 뇌 과학 지식은 첨단 기기를 활용, 차츰 '마음'이란 것의 정체를 밝혀내고 있다. 물론 아직까지는 모르는 게 더 많은 미궁이다.

　하지만 특정 마음 상태가 뇌에 어떤 영향을 미치는지에 대한 규명은 상당한 수준에 이르렀다. 특히 뇌 내 신경 전달 물질과 신경 회로, 그리고 뇌의 각 부위별 기능과의 상관관계는 자세히 밝혀지고 있다.

　우리는 앞에서 세로토닌의 기능에 대해 살펴보았다. 현대인에게 세로토닌이 부족해지면서 많은 부작용이 나타났다. 도시화와 산업화가 이루어지면서 경쟁과 스트레스가 심해졌고, 이로 인한 부작용이 심화되었다. 그래서 세로토닌 결핍은 더욱 가속화되고 있다. 악순환이다.

　세로토닌은 생존을 위한 기본적 리듬 운동을 할 때 가장 왕성하게 분비된다. 문제는 우리가 자연을 떠났다는 사실이다. 자연은 그 자체가 세로토닌의 보고인데 말이다. 보행, 씹기, 호흡 등 생명 리듬 운동을 예전처럼 많이 하지 않는다. 사랑·군집 본능도 충족되지 않는다. 이것이 세로토닌 결핍의 원인이다.

반면에 세로토닌 분비가 잘 되는 사람은 다르다. 경쟁적이고 강박적인 오늘날, 주변 환경에 흔들리지 않는 강한 사람이다. 스트레스에서 벗어나는 능력이 빠르고, 역경 지수가 높을 뿐 아니라, 충동적 감정을 다스리는 데 능숙하다. 그러나 유감스럽게도 세로토닌은 예민한 물질이어서, 분비량이 적을 뿐 아니라 그 시간도 오래 지속되지 못한다.

어떻게 하면 세로토닌의 힘을 제대로 이끌어 내어 활용할 수 있을까? 이 장에서는 세로토닌 효과에 대해 보다 구체적으로 알아보고자 한다.

'습관성 경쟁 강박증'은
위험하다

우리는 하루에도 몇 번씩 화가 나 어쩔 줄 모르는 상황에 처하게 된다. 운전을 할 때에도 당장 들이받고 싶은 충동을 몇 차례씩 경험하곤 한다. 거친 운전, 얌체·불법 운전을 하는 사람들을 볼 때마다 도덕적 무력감에 빠진다. 아무리 점잖은 사람이라도 운전석에만 앉으면 당장 말씨가 거칠어지고 조급증이 발동해 공격적으로 변한다. 클랙슨을 누르고 전조등을 깜박이는 등 평소의 인품과는 아주 다른 사람이 된다. 그럴수록 사고율이 높아진다는 건 경찰의 통계가 아니라도 경험으로 알고 있다. 이게 노르아드레날린의 부작용이다.

노르아드레날린은 부신 수질에서 분비되는 아드레날린과 비슷하다. 하지만 아드레날린보다 강도가 훨씬 세서 동물이 위기 상황에 처했을 때 신속하게 대응하게 한다. 이렇듯 생명을 보호해 주기 때문에

'위기관리 물질'이라고 부른다. 동물에게 없어선 안 될 중요한 물질이다.

위기에 처하면 싸우거나 달아나는 '투쟁-도피 반응'이 일어나야한다. 이때 동시에 흥분된 교감 신경이 혈당과 혈압을 높이는 등 임전 태세를 갖추게 하는데, 화가 났을 때의 신체 반응도 이와 같다. 그래서 이를 '화 물질Anger Substance'이라고도 한다.

그림5를 보라. 화가 났을 때 뇌가 우리 몸에 미치는 영향을 나타

[그림 5] 격노 반응이 신체에 미치는 영향

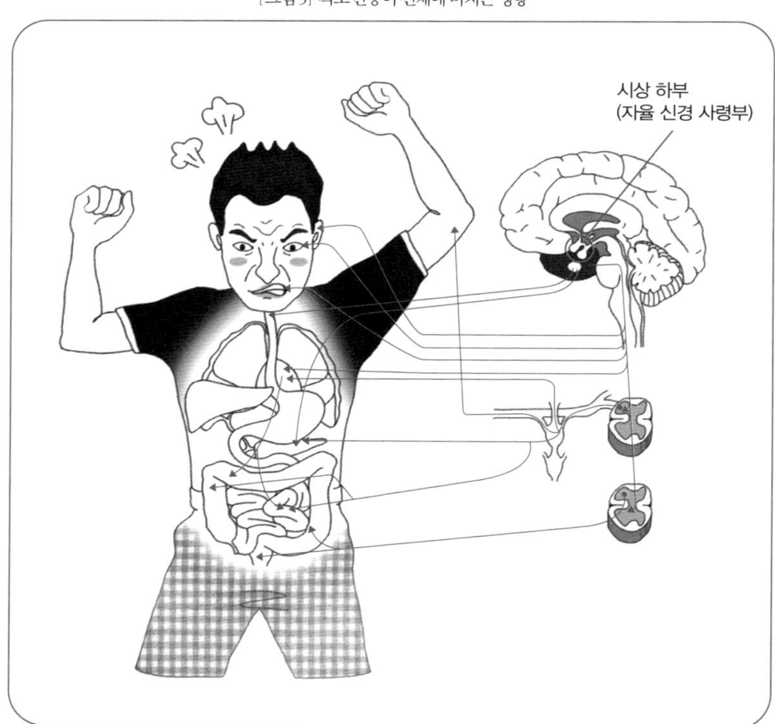

낸 것이다.

이 정도 되면 이성이 마비된다. 동물적인 변연계의 공격적 감정 상태가 발동한다. 그리고 전형적인 '노르아드레날린-교감 신경-스트레스'의 공격적인 회로가 뇌에 형성된다. 혈압과 맥박이 빨라지고 투쟁-도피 반응이 온몸에 일어난다. 비상사태다.

이렇게 되면 이성적이고 합리적인 판단을 할 수가 없다. 평생 후회할 일도 서슴없이 저지른다. 특히 성질 급한 사람에게 이런 상황은 치명적일 수 있다.

우리는 직장에서도 하루 몇 차례씩 이런 화 반응을 겪는다. 자존심 때문이다. 툭하면 사표를 쓴다. 우리만큼 사표 잘 쓰는 사람도 없다. 걸핏하면 자존심 운운하지만 실은 자존심이 형편없는 사람이다. 자존심이 약하니까 쉽게 다치고, 쉽게 상하고, 쉽게 폭발한다. 이런 사람들은 피해 의식이 강해서 보통 사람에게는 별일 아닌 것에도 참을 수 없는 격노 반응을 일으킨다.

누가 이런 사람을 좋아할까. 그럴수록 피해 의식은 커지고 자존심은 더 상한다.

노르아드레날린 회로가 적정 수준이어야 일도 잘된다. 이걸 작업 뇌라 부르는 이유다. 부족하면 생활이 불가능해진다. 무슨 일에든 겁을 먹고 의기소침해지며 무기력, 무관심, 의욕 상실 등 아주 소극적인 상태가 될 수 있다. 비상사태에는 신속하게 대응해야 하는데, 집에 도둑이 들어와도 태평하게 보고만 있다면 어떻게 되겠는가.

반면 이 물질이 지나치게 많아지면 폭력적이고 파괴적인 공격성 반응이 지속되면서 우리 몸은 스트레스를 받게 된다. 동시에 불안, 분노, 공황 장애에 빠지게 되는데, 이러한 위기 상황이 편도체 과열 상태를 부른다. 무리를 해서라도 목표를 이루어야 하고, 그러기 위해 서슴없이 부정을 저지른다.

이런 상황에선 과정보다 목표, 모로 가도 서울만 가면 된다. 뒤탈이 없을 수 없다. 이런 사람들은 얼굴만 봐도 표가 난다. 작은 일에도 핏대를 올리고 입술을 깨문다. 건드리기만 하면 폭발한다. 다음 순간 무슨 일이고 저지를 것 같다. 옆에 있기조차 불안하다. 누가 이런 사람을 좋아하랴. 기피 인물 1호다. 매사에 적극적인 건 좋지만 이것도 정도 문제다.

| 경쟁을 하되 합리적으로

습관성 경쟁 강박증의 문제는 개인은 물론 사회에도 엄청난 폐해를 안겨 준다. 이젠 좀 차분하게 합리적으로 정도를 밟아야 한다. 그래야 개인도 나라도 품격이 생긴다.

결론적으로 우리가 여기까지 올 수 있었던 건, 그리고 그 빠른 시일에 한강의 기적을 일구어 낼 수 있었던 건, 노르아드레날린형 인간의 공로가 크다. 하지만 이젠 좀 달라져야 한다. 경쟁을 하되 룰에 따라 합리적으로 해야 한다.

공정한 게임이어야 한다. 하늘을 우러러 한 점 부끄러움이 없어야 성공도 건강도 얻을 수 있다. 안 그래도 될 일에 경쟁 강박증을 발동해선 안 된다. 어떤 경우에도 충동적이거나 폭력적이어선 안 된다. 편도체 과열이 안 되도록 머리를 식혀 가며 차분히 해야 한다.

사회적 손실보다 더 치명적인 건 건강 문제다. 이런 과도한 경쟁적 상태에선 교감 신경의 흥분으로 만성 아드레날린 상승을 불러일으켜 고혈압, 심장병, 면역 저하 등 심각한 건강상의 문제를 야기하게 된다.

격노 반응은 일단 일어나면 조절하기가 힘들거니와 설령 참고 견딘다 해도 몸에 치명상을 입히게 마련이다. 성이 나면 우리 몸은 일단 싸울 준비를 한다. 싸우기 위해선 많은 에너지가 필요하다. 혈당을 높여야 한다. 하지만 실제로는 싸울 일도 힘쓸 일도 없어(참기 때문에) 만들어진 당분은 지방으로 축적되면서 당뇨, 비만, 대사 증후군 등 몸에 이상을 일으킨다.

게다가 싸우면 다치는 것에 대한 대비도 해야 한다. 백혈구를 많이 만들어 외적의 침입에 대비해야 한다. 그러나 싸울 일도 다칠 일도 없으니 증가된 백혈구는 무언가 싸울 구실을 찾게 된다. 깡패와 다름없다. 외부와 연결된 위장에는 잡균이 많다. 보통 때라면 넘어갈 일이지만 지금은 작은 이상에도 우르르 덤빈다. 자기 조직에 손상을 입히는 것이다. 이게 위궤양이다.

몇 가지만 썼지만 이렇듯 격노 반응이 일어나면 그 부작용의 파장은 심각하다. 어떻게든 이 불을 꺼야 한다. 이럴 때 뇌가 갖고 있는 유일한 소방수는 세로토닌이다. 화 물질 노르아드레날린을 조절할 수 있는 유일한 물질이다. 일단 그 자리를 피하는 것도 한 가지 방법이다. 조용히 돌아서서 깊은 호흡을 하고 찬찬히 걷는다. 바로 세로토닌 워킹이다.

격노 반응에 이보다 효과적인 진정책은 없다. 걸으면 일단 격노가 약해지거나 파괴적 충동이 얼마간 진정된다. 리드미컬한 워킹과 심호흡으로 차츰 세로토닌이 활성화되기 때문이다. 이것만으로도 당장의 폭발을 잠시 진정시킬 수 있다. 그렇다고 화난 문제가 해결된 것은 아니지만, 격노의 파도가 다소 진정되면 사태를 보다 합리적인 눈으로 바라볼 여유가 생긴다. 세로토닌 워킹의 효과적인 방법에 대해선 뒤에서 설명하도록 하겠다.

| **Serotonin Point** |

경쟁을 강요하면 창의력이 죽는다

한국에선 유치원 때부터 ABC를 가르친다. 측두엽 기억 창고에 많이 넣기 위해서다. 사회적 기술을 터득하기 위해. 하지만 진정한 교육은 전두엽에서 이뤄져야 한다. 참된 인간이 되고 난 다음 기술을 익혀야 한다.

'오기 발동'을
버려라

우리가 잘 아는 엔도르핀은 입시에 합격한 순간이나 우리 팀이 축구 경기에서 한 골 넣었을 때의 환희 반응을 일으키는 물질이다. 각성 물질이지만 강력한 쾌감을 동반한다.

쾌감 물질의 대표 격은 도파민인데, 엔도르핀과 작용 기전은 달라도 쾌감 기능은 같다. 도파민이 분비되면 기분이 좋아진다. 우리 팀이 이겼을 때의 짜릿함, 산 정상에 올라 발아래 경치를 내려다보는 순간 느끼게 되는 통쾌함, 게임에서 돈을 따거나 칭찬을 듣거나 합격한 순간의 벅찬 감동 등이 도파민 작용에 의한 것이다.

기분 좋은 일은 계속하고 싶어진다. 이게 성공을 만든다. 작은 성공으로 보수 물질인 도파민이 분비되면 뇌는 그런 쾌감을 또다시 맛보기 위해 그 일을 계속하게 된다. 이를 '강화 학습'이라고 부르는데, 공부 맛을 들이는 기분 좋은 기전이다. 이렇게 되면 공부를 하지 않고는 못 배긴다. 행복한 고민이 아닐 수 없다. 이게 학습 뇌의 기전이다.

| 엔도르핀과 도파민이 위험한 이유

문제는 나쁜 일도 당장 좋다고 자꾸 하면 의존증이 생기고 중독이 된다는 사실이다. 술·담배·마약·쇼핑 중독은 물론 우리 사회에 도박 중독이 만연하고 있는 뇌 과학적 기제가 바로 이것이다. 젊은이들의 인터넷·게임 중독도 마찬가지다.

중독에 빠져들면 자기 조절이나 통제가 안 된다. 세로토닌 신경에는 이것이 과다 분비되면 스스로 세로토닌을 재흡수하는 '자기 억제 회로'가 있다. 그래서 그렇게 조절력이 뛰어난 것이다. 하지만 도파민 신경에는 '자기 억제 회로'가 없기 때문에 계속 더 큰 쾌감을 얻고자 한다. 사람 욕심에 끝이 없다는 건 도파민 신경의 이러한 특성 때문이다. 또한 도파민이 경쟁적이고 공격적인 노르아드레날린으로 변화할 수 있다는 점을 유념해야 한다.

도파민 신경은 중뇌와 대뇌 변연계에 걸쳐 있는데, 여기는 식욕, 성욕 등 쾌감 계통과 밀접한 연관이 있다. 대뇌 피질의 이성과도 거리가 멀고, 당장 좋으면 나중 일은 생각지도 않고 계속하고자 하는 동물적 충동이 생긴다.

끝없는 쾌락을 추구하지만 실제로 그러기는 쉽지 않다. 욕구가 충족되지 않으면 불안, 초조, 경련, 심지어 생명이 위독할 수 있는 무서운 금단 증상이 생긴다.

따라서 중독자들은 마약이든 도박이든 어떤 수단을 써서라도 쾌감 욕구를 충족시켜야 한다. 그래서 회사 공금을 쓰기도 하고 범죄를 저지르기도 한다.

엔도르핀은 '뇌 속의 모르핀' 이라는 말에서 유래됐다. 아편만큼 중독성이 강하다. 도파민도 마찬가지. 이들 물질이 위험할 수 있는 건 이 때문이다.

오늘 한국 사회의 가장 심각한 사회정신 병리는 폭력성과 중독성이다. 특히 도박 중독은 단연 세계 정상이다. 경찰의 단속망을 용케도 피해 가며 주택가까지 독버섯처럼 번지고 있다.

그러나 도박의 말로는 비참하다. 그걸 뻔히 알지만 조절할 수 없는 게 도박이다. 짜릿한 그 맛, '한판만!' 하는 환상에 빠져 결국 패가망신한다. 게다가 한국인 특유의 오기까지 가세하면 이판사판이다. 조금만 냉정히 생각하면 되는데 그럴 만한 여유가 없다. 이게 도파민과 엔도르핀의 결정적 취약점이다.

물론 우리가 살아가는 데 어찌 환희의 순간이 없겠는가. 이런 순간이 우리의 지치고 피곤한 생활에 활력소가 되어 준다. 와, 신난다! 우리는 정말이지 신명 나는 민족이다. 신이 나면 못할 일이 없다. 엄청난 폭발력을 발휘할 수 있는 것도 한국인 특유의 신명이 받쳐 주기 때문이다.

우리는 그것으로 한강의 기적을 일구어 냈다. 앞으로 제2의 한강의 기적을 위해서도 신명 풀이는 필수다. 단, 신명이 없다고 해서

의기소침해하거나 실망하고 좌절해선 안 된다. 있으면 신나겠지만 없어도 절제할 수 있는 슬기가 필요하다. 그런데 문제는 이들 물질에 중독되면 절제가 쉽지 않다는 점이다.

도파민 분비는 유전적 요인이 크다. 적은 양으로도 쾌감을 맛보는 사람이 있다. 이들은 작은 일에도 감동을 잘한다. 축복받은 사람이다.

문제는 되풀이 말하지만 중독성이다. 중독이 되면 그 맛을 못 잊어 쉽게 빠져든다. 그런가 하면 웬만한 일에는 감동하지 못해 더 큰 자극을 찾아 나서기도 한다. 때로는 모험심이 지나쳐 자칫 생명이 위험할 수도 있다.

이렇듯 도파민 역시 양날의 칼이다. 잘 쓰면 신나고 감동적인 멋진 삶을 살게 되지만, 잘못 쓰면 중독되거나 생명이 위험할 수 있다.

| '건전한 도박' 은 가능할까?

도박을 해 본 적이 있는가? 이야기가 좀 거칠게 흐르는 것 같지만 중독 문제를 두고 그냥 넘어갈 순 없다. 도박판에서 부자 되었다는 이야기를 나는 들어 본 적이 없다. 수학 전문가가 아니라도 조금만 정신 차려 생각하면 딸 수 없다는 결론은 쉽게 나온다. 그리고 뇌 과학적으로도 딸 수 없도록 되어 있다.

카지노에선 모든 수단과 방법을 동원해 이성적 판단을 하는 전두 전야의 기능을 약하게 만든다. 현란한 조명과 음악, 종업원의 선정적 의상, 게다가 술까지 공짜다. 이것만으로도 환상적인 세계에 빠져들기에 충분하다.

건전한 이성이 들어설 자리가 없다. 실제로 도박이나 게임을 하는 동안에는 전두전야가 제 기능을 전혀 하지 않고 있다는 게 뇌 촬영으로 밝혀지고 있다.

시간대도 문제다. 대낮에도 외부 세계와 완전히 차단되어 있어 시간 개념이 없다. 밤을 새워도 감각이 없다. 한밤중이라 생리적으로는 멜라토닌이 활동, 도파민의 폭주를 조절해 주는 세로토닌이 정지된 상태다.

이런 상태에선 주의 집중이나 정확한 계산이 불가능하다. 정신적으로 육체적으로 피로 회복이 안 된 상태에서 다시 피로가 쌓여 간다. 피로 물질인 젖산이 누적되면 해마와 세로토닌 기능이 억제된다. 자율 신경의 균형이 깨지는 등 심신이 제 컨디션이 아니다. 제정신이 아닌데 어떻게 돈을 따겠는가.

친구와 밤샘 고스톱에서 누가 따던가? 뒷전에서 웅크리고 자던 녀석이 새벽에 일어나 판을 쓸어 버린다. 정신이 맑기 때문이다. 밤샘한 녀석들은 제정신이 아니다. 속여도 모른다.

도박판에 들어설 땐 누구나 가벼운 흥분 상태가 된다. 세로토닌이 분비되기 때문이다. 그러다 한두 번 딸 수도 있다. 그러면 쾌적 호르몬인 도파민이 분비된다. 신난다. 드디어 잭팟이 터지고 환호가 이어진다. 이땐 엔도르핀이 분비된다. 자신만만해진다.

조금 더 하면 판돈을 다 딸 것 같다. 조금 더 크게 판을 벌인다. 하지만 시간이 갈수록 주머니는 자꾸 줄어든다. 그만할까 하는데 또 한판 딴다. 그러곤 또 매달린다. ‘한판만!’ 하지만 그 한판은 끝내 오지 않는다.

오기가 생긴다. 에이 빌어먹을! 이판사판이다. 다 털어 넣는다. 돌아올 차비도 없이 빈손으로 도박장을 나서야 하는 그 허망하고 허탈한 심경이라니……. 자살하는 기분이 이해된다.

이게 도박판의 현실이다. 도박판은 고도의 뇌 과학적 지식을 총동원해 흥분시킨 뒤 끝내는 충동적 오기 발동으로 패가망신하도록 설계되어 있다.

이 틀에 넘어가지 않으려면 어느 한순간 세로토닌을 활성화시켜 건전한 이성의 전두전야 기능을 회복시켜야 한다.

그러기 위해선 일단 밖으로 나와야 한다. 찬바람을 쐬고 잠시 거닐자. 그 길로 곧장 집으로 향할 수 있다면 다행이지만 미련 때문에 쉽지 않다.

그럴 경우 조용히 심호흡을 하자. 충동이 약해지고 그래도 이성이 약하게나마 작동할 것이다.

라스베이거스에도 건전한 시민들이 잘 살고 있다. 사람이 모이는 곳 어디든 도박 기계가 있지만 그들은 잔돈 몇 푼 넣고 해 보다 버스가 오면 차에 오른다. 오기 발동이 안 되기 때문이다. 그야말로 ‘건전한 도박’이다. 카지노에서 애용하는 말이긴 하지만 말이다.

인간에겐 본성적으로 도박성이 있다. 짜릿하고 재미있기 때문이다. 이 수준에서 즐긴다면 그것도 한 가지 사는 재미다. 단, 그러기 위해선 세로토닌이 적정 수준이어야 한다. 그래야 오기 발동을 하지 않고 조절이 가능하다.

사람마다 불행을 느끼는 정도가 다르다

사람마다 뇌 속에 '설정된 행복도'가 있다. 극한의 상황을 제외하곤 행복의 고저가 일정하게 정해져 있다는 뜻이다. 뇌 과학에선 이를 '세트(Set) 이론'으로 설명한다. 복권에 당첨되면 행복하지만 얼마 후에는 원상태의 세트로 돌아간다. 사고로 반신불수가 되면 처음엔 당연히 불행하지만 얼마 후에는 다시 원래의 모습으로 돌아간다.

누가 봐도 행복의 절정에 있어야 할 인기 스타의 자살. 그에겐 처음부터 행복도가 낮게 세트되어 있기 때문이다. 이 세트를 바꾸지 않는 한 불행의 늪에서 빠져나올 수 없다. 삶의 지혜, 인생철학이 필요한 건 그래서다.

조절력으로 무장한
세로토닌형 인간

'위기의 시대, 세로토닌이 답이다.'

2009년 3월, 내가 참여한 KBS 창사 60주년 특집 방송의 타이틀이다. 요즘 우리 사회는 한마디로 '절제를 잃은 사회' 다. 아주 막가는 세상 같다. 참으로 시의적절한 문제 제기였다는 평가가 많았다.

결론은 자명하다. 지금 시대가 요구하는 인간상은 세로토닌형이다. 세로토닌적 삶을 살아가는 사람이다. 대체 어떤 사람이 세로토닌적 사람일까? 뒤에서 자세히 설명하겠지만 세로토닌의 3대 기능을 생각하면 쉽게 답이 나온다. 첫째, 공격성과 중독성을 잘 조절해 평상심을 유지하는 사람. 둘째, 주의 집중과 기억력 향상으로 창조적인 사람. 셋째, 생기발랄하고 의욕적인 행복한 사람.

당신의 성향은 어떤가? 나와는 거리가 먼 인간상이라고? 천만에. 정도의 차이는 있지만 우리 인간은 원래 이런 성품을 갖고 태어났다. 인류는 오랜 세월에 걸쳐 이러한 성품을 갖추게끔 길들어져 왔다. 적자생존의 논리다. 그렇지 못했다면 인류는 멸종하고 말았을 것이다.

다만 근대화와 함께 폭풍처럼 밀어닥친 치열한 경쟁의 틈바구니에서 차츰 본래의 성품이 거칠어진 것일 뿐이다. 그래서 빚어진 것이 오늘날의 과격한 우리 사회다. 이제 우리 속에서 잠자고 있는 세로토닌적 성향을 일깨워야 한다. 이건 인간성 회복 운동이요, 인간 운동이다.

이 책을 읽다 보면 독자들도 이해하게 될 것이다. 세로토닌형 인간이 곧 성공하는 인간형이고, 궁극적으로는 그것이 행복한 개인이 되는 길임을.

사람을 끌어들이는 힘, 매인력

모든 물질엔 고유의 파동이 있다. 인간도 예외가 아니다. 사람마다 고유의 파동이 있다. 어떤 사람 앞에 앉아 있노라면 영 마음이 편치 않다. 다음 순간 무슨 일이 터질 것 같은 불안한 파동이 밀려온다. 또 어떤 사람은 지적이고 조용한 파동이 밀려오지만 너무 싸늘해서 어쩐지 인간적인 정이 느껴지지 않는다.

그렇다면 세로토닌형 인간의 파동은 어떨까? 한마디로 사람을 끄는 힘이 있다. 매력적이다. 그와 함께 있고 싶고, 함께 있으면 마음이 편안해서 좋다. 한참 못 보면 그리운 사람, 전화라도 하고 싶은 사람이다. 그에게는 사람을 끌어들이는 마력이 있다.

나는 이를 '매인력(魅引力)'이라고 부르고 싶다. 사람을 끌어당기는 매력적인 힘이다.

이들의 표정은 부드럽고, 얼굴에는 가벼운 미소가 어린다. 피부는 윤기가 흐르고, 얼굴은 가벼운 홍조를 띠고 있다. 세로토닌이 신진대사를 원활하게 해 주고 호르몬 분비를 균형 있게 조절해 주기 때문이다. 누가 이런 사람을 싫어하랴. 세로토닌이 주는 축복이다. 뇌 과학에선 이를 '이너 뷰티', 즉 내적인 미라고 부른다.

막 데이트에 나서는 젊은이를 상상하면 된다. 표정이 얼마나 맑고 생기 있는가. 본래 미인이 아니더라도 그 밝은 모습에 절로 눈길이 간다. 밝고 즐거운 마음, 세로토닌 상태다.

부부 싸움을 한 다음 날 여자 표정과는 너무나 대조적이다. 여자는 아무리 짙은 화장을 해도 본연의 모습을 숨길 수 없다. 미움, 화, 억울함, 경멸, 배신감 등이 뒤엉켜 있는 이상 속이 맑을 수 없다. 당장 소화가 안 되고 변비에 걸리거나 설사를 한다. 온몸의 호르몬과 신진대사가 난조에 빠진다. 몸속에서 전쟁이 일어나고 있는데 얼굴이 편해 보일 리 없다.

세로토닌형 인간이라고 어찌 부부 싸움이 없으랴. 물론 자주 하지는 않는다. 그리고 부부 싸움을 하더라도 심각하게 부정적인 감정의 소용돌이에 휘말리지 않는다. 빨리 평상심을 회복하는 세로토닌의 조절 기능 덕분이다.

세로토닌형 인간에게는 스펀지 같은 탄력성이 있다. 어떤 충격에도 그 울림이 크지 않다. 마치 용광로처럼 어떤 충격도 쉽게 흡수해 녹여 버린다. 잠시 흔들리지만 곧 평상심을 회복해 다시 긍정적 무드로 바뀐다.

누가 이런 사람을 싫어하랴. 모두들 끌릴 수밖에 없다. 그래서 주위에는 늘 사람이 몰려든다. 대인 관계가 잘될 수밖에 없다. 사업을 해도 승승장구다. 사실 사업의 성패는 인간관계에 의해 좌우된다. 회사 업무 역시 공적인 루트보다는 소위 사적인 인간관계에 따라 움직이는 경우가 더 많다.

주말 부서 야유회. 회사 버스를 빌리려 총무과에 신청서를 냈는데 회답이 없다. 어떻게 됐느냐고 독촉을 한다. 신청이 늦어 운전기사 수배가 어렵다는 답변이다. 이제 공식적인 채널로는 가망이 없다.

이때 나서야 할 사람이 있다. 바로 세로토닌형 인간이다. 구내식당에서 총무과 직원과 함께 점심 식사를 한다. 그리고 그날 일과가 끝나기 전에 통보가 온다. 운전기사가 겨우 수배되었다는 것.

이런 일은 사실 그리 대단한 게 아니다. 하지만 이런 작은 일들이 쌓이면서 차츰 과 사람들에게 신임을 얻고 회사 내에 소문이 난다. 인사고과에 반영이 안 될 리 없다. 기억하라. 많은 동기생 중 CEO로 올라갈 딱 한 사람은 여기가 다르다.

| 물리력보다 강한 건 부드러운 합리성

2009년 세로토닌 아트 전시 간담회에서 문화평론가 홍사종 교수

가 제시한 담론은 시사하는 바가 크다.

"고도 압축 성장이 남긴 상처는 공격성과 스포츠에 열광하는 엔도르핀 과잉 상태였다. 사람들은 이제 성장 사회의 상처를 치료 받고 싶어 하고 오염된 세상의 정화를 원하며 현기증 나는 세상으로부터 구원 받고 싶어 한다. 오늘 우리는 포스트모더니즘 이후 새로운 장르, '세로토닌 아트'가 열리는 역사적 순간을 지켜보고 있다."

문화인류학 이희수 교수도 2009년 대한정신의학회에서 이런 요지의 강연을 했다.

"우리는 지난 반세기 '하면 된다'는 공격적 자세로 달려왔다. 노르아드레날린적 문화였다. 그리고 막중한 스트레스는 스포츠나 도박의 격정적인 환희로 풀어내는 전형적인 엔도르핀 문화 시대를 거쳐 왔다. 하지만 이젠 GNP 2만 달러 시대를 넘어 3만 달러 고지를 향해 가고 있는 시점이다. 차분하고 합리적인 세로토닌 문화 시대를 열어 가야 한다."

우리는 지금 GNP 2만 달러 시대에서 턱걸이하고 있다. 앞으로의 3만 달러 고지는 지금처럼 밀어붙이기식의 무모한 돌파 정신만으론 안 된다. 현명해야 한다. 이제 차분한 사회, 합리적이고 격이 있는 사회가 돼야 한다. 이러한 격조 높은 사회가 품격 있는 국가를 만든다. 이게 선진국으로 가는 길이다. 뿐만 아니라 개인적으로는 성공으로, 건강으로 가는 길이기도 하다.

이젠 물리력으로 문제를 해결하려는 억지는 더 이상 발붙이지 못하게 해야 한다. 그들로 인해 국가 이미지에 얼마나 큰 손상을 입히

고 있는가. 돈으로 따질 수 없는 치명적인 상처다. 세로토닌 운동을
국민운동으로 만들자는 데는 이러한 시대적 요구가 담겨 있다.

| 세로토닌의 중요한 3대 기능

그간 세로토닌에 대해 단편적으로 기술해 보았다. 이쯤에서 그
기능을 요약하고 정리해 둬야 할 것 같다.

세로토닌의 첫 번째 기능은 조절 기능이다. 세로토닌은 공격성,
폭력성, 충동성, 의존성, 중독성 등을 조절해 평상심을 유지하게 해
준다. 또 격한 감정을 조절해 준다. 오늘의 우리에게는 너무나 절실
하고 고마운 기능이다.

두 번째는 공부와 창조성의 기능이다. 세로토닌은 주의 집중과
기억력을 향상시켜 준다. 신피질을 살짝 억제해 잡념을 없애 주고
변연계를 활성화함으로써 창조성 함양에 크게 기여한다. 학생이든
사회인이든 참으로 절실한 기능이다.

세 번째는 행복 기능이다. 생기와 의욕을 불러일으키고 편안하고
평온한 행복감을 갖는 것이 인간의 궁극적인 목표 아닌가. 우리가
핏대를 세우며 다투는 것도 결국 따지고 보면 행복을 위해서가 아
니던가.

노르아드레날린이든 엔도르핀이든 뇌가 어느 극단으로 폭주해선
안 된다. 이 물질들이 갑자기 과잉 분비되는 것은 현대의 파괴적인
격정 때문이 아니라, 이들의 폭주를 조정하고 조절할 수 있는 세로

토닌이 결핍되어서다. 그래서 세로토닌을 '조절 호르몬'이라고도 부른다.

세로토닌은 조절 기능 외에도 그 자체로서 생기와 의욕, 활력의 원천이기도 하다. 세로토닌이 부족하면 대표적으로 우울증이 온다. 또한 세로토닌은 행복·공부 물질이라는 것도 앞에서 이미 밝혔다.

| '넘치지 않는다'는 것

세로토닌의 기능상 장점은 넘치지 않는다는 것이다. 이게 도파민이나 노르아드레날린과 다른 점이다. 세로토닌이 언제나 평상심을 유지해 주는 것은 이 때문이다.

우리는 유쾌함과 불쾌함, 여러 가지 내적·외적 자극이나 경험에 따라 잠시 흔들릴 순 있지만 언제나 평상심을 회복한다. 이 역시 세로토닌 덕분이다.

세로토닌 신경은 '자기 억제 회로'가 있어서 시냅스에 방출된 양이 많다 싶으면 원래 방출한 신경 세포로 다시 흡수해 양을 적정 수준으로 조절한다. 세로토닌 세포가 이러한 조정 장치를 갖추고 있기 때문에 우리가 평상심을 유지할 수 있는 것이다(그림6 참조).

세로토닌 신경이 외부 자극에 좀처럼 반응하지 않는 특징도 평상심 유지에 도움을 준다. 노르아드레날린 신경은 원수를 만나면 즉각 전투태세를 취한다. 도파민 신경은 술꾼이 술만 봐도 발동하게 만든다. 하지만 세로토닌 신경은 오직 햇빛에만 반응을 한다.

불행히도 현대인에겐 이 중요한 물질이 무슨 원인에서건 부족하다. 세로토닌 결핍은 왜 오며, 이를 활성화할 수 있는 방법은 무엇일까? 세로토닌의 이러한 특성을 잘 이해하고 일상생활에서 활용할 수 있어야 한다. 그래야 개인은 물론 사회적으로 안정되고 나아가 인류의 평화가 온다.

요즘 우리는 허탈감에 빠져 있다. 게다가 경제가 어렵다 보니 우울하고 불안하다. 설상가상이다. 하지만 우리 뇌 속엔 세로토닌이라는 물질이 있다는 사실을 명심하자. 이것을 의식적으로 일깨워야한다. 열쇠는 밖이 아니라 내 안에서 찾아야 한다. 열쇠는 우리 뇌

[그림 6] 세로토닌 신경의 자기 억제 회로

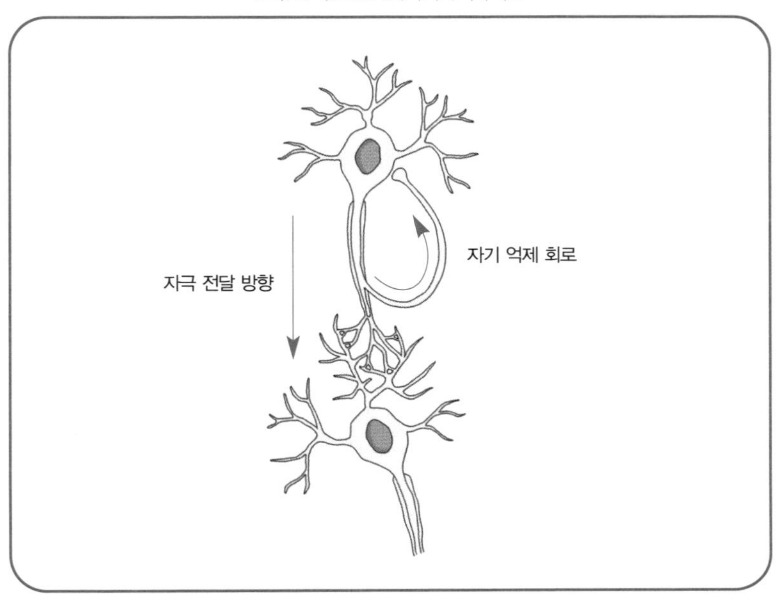

속에 있다.

안병욱의 글귀를 기억하라.

'행복과 불행은 같은 지붕 밑에 살고 있으며, 성공의 옆방에 실패가 살고 있다.'

무심코 하는 부정적인 말이 불행을 만든다

행복도는 선천적인 것일까? 미네소타 대학 리캔 교수의 연구에 의하면 행복은 50퍼센트가 후천적이다. 따라서 경험에 의해 바뀔 수 있다. 재산, 가족, 일 등이 10퍼센트 영향을 주고, 나머지 40퍼센트는 습관적인 생각이나 기분, 쓰는 말, 행동 등에 의해 결정된다. 무심코 내뱉는 부정적인 말이 나도 몰래 불행으로 몰고 간다니! 늘어진 어깨, 힘없는 걸음, 부정적인 생각, 쓸데없는 걱정 등 무심코 하는 이런 것들이 모여 행복 세트를 설정한다. 그리고 그게 우리 운명을 좌우한다.

세로토닌형 인간의 8가지 특징

인간 유형이나 한 시대의 문화를 신경 전달 물질로 논한다는 것에는 지나치게 단순화된 측면이 없지 않다. 하지만 어려운 뇌 과학 지식을 일반인에게 전달하는 데는 유용한 방법이다.

세로토닌적 특성을 논하려다 보니 자연스레 그런 특성을 지닌 인간 유형을 이야기하지 않을 수 없다.

세로토닌형 인간을 이야기하려면 공격적 편도체와 전두엽의 조화와 균형을 빼놓을 수 없다.

여기선 전두엽을 중심으로 보다 고차원적인 인간 품성에 대해 이야기한다. 물론 어느 것 하나가 단독으로 인간 행동에 결정적 역할을 하는 건 아니다. 언제나 유념해야 할 것은 삼자의 균형 위에서 봐야 하며 나아가 뇌 전체를 놓고 논의해야 한다는 점이다. 아무리 작은 일이라도 뇌의 어느 부위에서 일어나건 그건 곧 전체 뇌 신경 회로에 영향을 미치기 때문이다.

세로토닌형 인간도 전두엽의 조율과 조정 없이는 절대 만들어질 수가 없다. 이제부터 설명할 세로토닌형 인간의 특징을 잘 살펴보기 바란다.

| 첫째, 합리적으로 조절한다

세로토닌형 인간의 라이프 스타일을 적다 보니 어쩐지 너무 부드러워 소극적이고 물러 터진, 맥 빠진 사람같이 보일지도 모르겠다. 하지만 이건 오해다. 이들은 외유내강의 균형 잡힌 사람이다. 겉보기엔 유한 것 같지만 속으로는 불타는 열정과 힘을 소유하고 있다. 소극적인 것 같으면서도 적극적이다. 창백한 지성이 아니고 행동하는 양심이다.

상황에 따라 동과 정, 빠름과 느림, 강약을 조절할 줄 아는 균형 잡힌 삶의 전형이다. 세로토닌의 조절 기능을 생각하면 이들의 생활 패턴을 쉽게 이해할 수 있다. 그야말로 '차분한 열정'이다.

우리 주변에서 이런 유형의 사람을 어렵지 않게 찾을 수 있다. 여럿이 어울려 놀 때는 신나게 논다. 웃을 때는 파안대소하며, 스포츠에도 열광한다. 환희의 극치, 엔도르핀 상태를 즐긴다. 시시한 영화를 보고도 눈물을 펑펑 쏟는가 하면, 불의 앞에선 진노를 드러낸다.

단, 정도를 넘지 않는다. 때가 되면 다시 평상으로 돌아온다. 절묘한 균형 감각이 작동하는 것이다. 환희를 즐기되 결코 빠지진 않는다. 의분하되 폭력으로 발전하진 않는다. 어찌 엔도르핀의 환희, 노르아드레날린의 격분이 없으랴. 그리고 어찌 스트레스가 없으랴. 하지만 상황이 끝나면 그들은 다시 일상의 평상심으로 돌아온다. 고민, 번뇌, 불면의 밤도 있지만 이들은 쉽게 흘려보낼 줄 안다. 합리적으로 슬기롭게 대처할 줄 안다. 절묘한 조절 기능이 빛을 발하는 건 이때다.

경쟁을 하되 공정하게 하고, 치열한 삶을 살되 다음 순간 적절한 휴식을 취할 줄 안다. 이게 이들의 건강 비결이다.

우리 주위엔 소위 일중독에 빠진 사람이 적지 않다. 오직 일뿐이다. 이들에게 휴식은 형벌이나 다름없다. 하지만 인간은 기계가 아니다. 그러다 어느 날 덜컥 응급실에 실려 간다. 과로사를 면한다면 그나마 다행이다.

우리는 한때 일중독자를 존경하기도 했다. 후발 국가였기에 선진국을 따라가자니 그럴 수도 있었다. 술, 담배, 과로, 스트레스, 운동 부족……. 그러다 결국 쓰러진다. 이게 한국 40대 남성의 사망률 세계 최고라는 안타까운 자화상이다.

그러나 그런 시대는 서서히 마감되고 있다. 이젠 절제와 균형을 아는 생활, 삶이 무엇인지, 삶의 질을 물어야 하는 시점에 이르렀다. 치열하게 경쟁하되 삶을 즐길 줄 아는 세로토닌적 라이프 스타일이 요구되는 시대가 된 것이다. 절제와 균형! 치열하게 살되 결코 도를 넘지 않고 여유를 즐길 줄 아는 라이프 스타일! 이게 우리가 바라는 이상이요, 삶의 목표가 아닌가.

정신노동자에게 세로토닌의 백미는 뭐니 뭐니 해도 주의 집중력이다. 특히 주의가 산만한 청소년기의 학생에게 이건 결정적 무기다. 실제로 성공한 지식인의 가장 중요한 요인을 분석한 결과 '무서운 집중력'이 1위로 나타났다. 30분의 집중력이 질질 끄는 몇 시간의 정신노동보다 훨씬 효과적이고 성과가 크다는 것은 누구나 경험으로 알고 있을 것이다. 이게 바로 세로토닌 효과다.

세로토닌 상태가 되면 일단 대뇌 신피질의 기능이 살짝 저하된다. 이로써 지나친 흥분이나 스트레스, 근심, 걱정 등의 부정적 생각들, 소위 잡념이 사라진다. 공부하는 데 이보다 고마운 기능이 또 어디 있을까. 한편 그 아래 변연계의 기억력은 향상된다.

여기서 '기억력 향상'에 대해 부연 설명할 게 있다. 세로토닌 상태가 되면 실제로는 해마의 기억 기능이 저하된다는 사실이다. 하지만 저하되는 것은 주로 부정적 기억이다. 잡다한 기억 가운데 중요하고 긍정적인 것만 편집해 기억한다. 말하자면 기억의 선택성으로 인해 장기적으로는 기억의 향상이 이루어지는 것이다.

이렇듯 세로토닌 상태는 부정적인 기능을 철저히 억제시킴으로써 기분 좋은 긍정적인 것이 상대적으로 활성화되는 것이다. 세로토닌이 뇌 전체를 살짝 기분 좋은 상태로 만들기 때문이다. 이게 세로토닌의 특성이자 고등 기능이다.

흥분과 불안은 가라앉고 잡념이 없어진 상태, 거기다 불필요한 것들은 기억하지 않고 오직 좋은 것만 기억해 주는 해마의 선택성. 이런 상태라면 공부가 안 될 리 없다. 무서운 집중 상태가 절로 되기 때문이다. 머리가 좋다는 것은 곧 세로토닌 상태를 잘 만들 줄 안다는 뜻이다.

세로토닌 상태가 되면 무슨 일이든 성과가 좋을 수밖에 없다. 머리를 써야 하는 사람에게 이보다 더한 축복은 없다. 세로토닌 기능의 정점은 30분, 길어야 90분 정도 유지된다. 그 시간 동안 무섭게 집중한 뒤 세로토닌이 재충전되기까지 휴식을 취해야 한다. 짧은 시간만 해도 무서운 집중력으로 하기 때문에 세로토닌형 인간은 노는 것 같지만 공부를 잘한다. 이들의 비결은 여기 있다. 열심히 하는 것만으론 안 된다. 잘해야 한다.

| 셋째, 목표가 분명하다

세로토닌형 인간에겐 분명한 목표가 있다. 바쁜 생활을 하고 있지만 한 가지 목표에 초점이 맞춰져 있다. 목표 달성을 위해 움직이기 때문에 에너지를 낭비하지 않는다.

목표가 분명하면 웬만한 고충이나 갈등, 스트레스는 문제가 되지 않는다. 장애가 닥쳐도 목표를 이루기 위한 과정이라 생각하며 힘겨워하지 않는다. 결국은 '거기에 가게 된다'는 것을 믿고 있기 때문이다. 어쨌든 이들은 앞을 향해, 위를 향해 꾸준히 밀고 나간다. 그렇다고 무모한 짓을 하진 않는다. 바위가 길을 막고 있으면 바위에 발길질을 하는 대신 돌아간다. 이게 바로 세로토닌형 인간이 지닌 유연성이자 융통성이다.

목표는 물론 기한과 크기에 따라 다르다. 오전에 해치워야 할 목표가 있는가 하면, 그해 안에 이뤄야 할 일이 있다. 좀 길게는 중장기 목표가 있다. 물론 여기서 말하는 목표란 게 궁극적인 인생의 목적이라는 거창한 철학적 의미의 목표는 아니다. 일상생활에서 이루어야 할 과제들을 말한다.

목표가 분명하면 생활에 여러 가지 이점이 많다. 우선 웬만한 일에 좌절하거나 실망하지 않는다. 과정에 불과할 뿐이란 사실을 알기 때문이다. 잡다한 일들도 목표를 향해 초점을 맞추어 실행한다. 흐트러지지 않는다. 산만한 것 같지만 분명한 선이 있다. 어디서 무엇을 하든 잠재의식 속에, 머릿속 어딘가에 목표 의식이 살아 있다. 그에 따라 삶이 정리되고 정돈된다. 여기저기 기웃거리지 않는다. 무슨 목표든 언제까지 이루겠다는 기한이 있다. 그래서 주어진 시간과 에너지를 효율적으로 쓴다.

쑥스럽지만 내 이야길 좀 해야겠다. 내 이야기라고 너무 역겹게 듣지 말았으면 한다. 그리고 이건 노추가 아니라 과학적인 분석이라는 걸 이해해 주기 바란다. 나는 하는 일이 많다. 사회정신 의학을 전공한 탓도 있지만 여기저기 기웃거리는 내 천성 때문이기도 하다.

약간의 허영기와 함께 무당 기질도 타고났다. 그래서 생활이 산만하다. 동에 번쩍 서에 번쩍이다. 어쩌다 나를 만나는 사람들은

"아니, 여길 어떻게?" 하며 깜짝 놀란다. 정말 엉뚱한 곳에 나타나기 때문이다. 물론 하는 수 없이 가야 하는 경우도 없지 않지만 대개는 목적이 있어서 간다.

요즘 나는 건강 전도사, 세로토닌 홍보 대사로 일한다. 강연 주제도 물론 여기에 맞춰져 있다. 그러려면 여기저기 얼굴을 내밀 수밖에 없다. 하지만 내 삶은 목표를 중심으로 잘 조직되어 있다. 이게 목표를 향해 가는 사람의 축복이다.

나는 강연을 할 때마다 '58년 개띠' 라고 사기를 친다. 강단이 멀찍이 있고 강연장이 조금 어두우면 청중이 웃지 않을 때도 있다. 속아 넘어가는 것이다. 그러나 신체 나이, 바이오 나이 마흔여섯 살로 따진다면 의학적으론 사기가 아니다. 우리 캠프 체육 담당 김영준 선생 측정에 의하면 내 하지 근력은 40대다.

난 스포츠맨이라 서맥(심장 박동이 느려지는 상태)이 있긴 하지만 생활엔 지장이 없다. 종합 검진 결과도 무좀 외에는 완벽히 정상이다. 체력만이 아니다. 베스트셀러 1~2위를 오르내린 책《공부하는 독종이 살아남는다》는 일흔여섯 살에 쓴 책이다. 이 나이에 수상집이라면 몰라도 뇌 과학적 지식이 동원된 책이라니, 정신과 후학들도 깜짝 놀란다. 40대만 해도 책 한 권 쓰려면 1년이 넘게 걸렸다. 하지만 근년엔 1년에 두세 권은 거뜬하다. 2009년에만도 세 권을 썼고, 이제 쉰여덟 번째 책이 출간 대기중이다.

무엇이 나를 이토록 활력 있게 만들까? 이 문제를 진지하게 생각해 내린 결론은 무엇보다 나는 실제로 젊다는 것이다. 나는 5년마다 과제를 세운다. 한국 사회가 가장 필요로 하고 사회정신과 의사로서 할 수 있는 일이 무엇일까를 상정한 뒤 그걸 위해 모든 정력을 바친다. 강연, 방송 출연, 집필, 공부도 물론 이 과제에 집중된다.

첫 번째 과제는 1980년 초에 시작됐다. 많은 사람이 농촌을 떠나 도시로 옮겨 왔지만 교통 신호 하나 지킬 줄 몰랐다. 이게 졸저《배짱으로 삽시다》의 탄생 배경이다.

1980년대 말에는 고도성장에 따른 엄청난 스트레스, 1990년대 초반에는 중년 여성과 청소년, 1990년대 후반에는 세계화, 2000년대 초반에는 문화 운동, 그리고 지금은 건강이 과제다. 2010년부터 5년간은 세로토닌과 창조성이 나의 과제로 정해졌다. 본서는 이를 위한 준비 작업이다.

이를 위해 일본 유학길에 올랐고, 프랑스 보르도 와인 학교와 베트남 신발 공장을 견학했다. 또한 몽골, 시베리아, 바이칼 호의 무교와 한류의 원류에 대해 연구했고, 세렝게티 마사이족을 방문하여 연구했으며, 한양대 대학원에서 공부했고, 지금은 CIMA(창조 혁신 경영 아카데미) 과정을 공부하고 있다.

최근 우리 선마을 캠프가 널리 알려지면서 동시에 내 일정도 빡빡해졌다. 여러 가지 일을 하다 보니 목이 쉬어 외부 강연 스케줄을 조절해야 할 지경이다. 세로토닌 운동을 위한 자료 조사, '40대 남성 보전' 운동을 위한 연구 작업 등이 올해 내가 하고 있는 활동 개요다.

한마디로 늙을 여유가 없다. 끝없는 도전, 창조 작업, 지적 자극……. 이게 나의 젊음과 건강을 유지하는 비결이다.

쓰다 보니 내 자랑이 된 것 같아 쑥스럽다. 하지만 이 역시 세로토 닌형 인간의 비결이다. 자만이라 여겨도 좋다. 나르시시즘, 자기 칭 찬 역시 세로토닌형 인간을 밀고 가는 힘이기 때문이다.

| 넷째, 쓰라린 경험에서 교훈을 얻는다

이순신 장군이 억울한 옥살이에서 풀려나 다시 남해안 전투에 투입 되었다. 하지만 그간 전열은 흩어졌고 병사들의 사기도 말이 아니었 다. 게다가 함선은 망가진 몇 척이 전부였다. 아무리 명장이라 한들 이런 상황에서 어떻게 밀려오는 왜구를 물리칠 수 있겠는가. 하지만 공은 달랐다. 공은 임금에게 올리는 상소문에 이렇게 적고 있다.

'신에게는 아직 열두 척의 배가 남아 있습니다.'

세계 전쟁사에 이름을 떨친 이순신 장군이 위대한 건 그래서다. 공은 어떤 경우에도 낙담하지 않았다. 언제나 긍정적이었다. 그래 서 결코 허둥대거나 당황하지 않고 상황을 객관적으로 보고 냉철하 게 대처할 수 있었다.

역사의 기록을 뇌 과학적으로 분석하면 이순신 장군이야말로 세 로토닌형 인간의 전형이라 할 수 있다. 이게 나라를 위기에서 구해 낼 수 있었던 공의 힘이다.

세로토닌이 부족하면 우울증에 빠진다. 또 우울증에 빠지는 심리 적 원인은 매사를 부정적으로, 비관적으로 보기 때문이다. 부정적 사고가 부정적 감정을 만든다. 이렇게 되면 완전히 감정에 휘말려 이성적이거나 합리적인 생각을 하지 못하게 된다.

우리는 누구나 가벼운 우울증 상태에 빠진 경험을 가지고 있다. 실연의 아픔을 당한 사람은 세상이 캄캄하다. 무슨 일이든 안 될 것 같고, 하고 싶은 의욕도 없다. 이로써 내 인생은 끝장난 것만 같다. 자살 생각인들 왜 안 들겠는가.

세로토닌형 인간이라고 어찌 실패의 아픔이 없으랴. 하지만 그는 회복이 빠르다. 이 점이 다르다. 아무리 밤이 깊고 길어도 새벽이 온다는 걸 그는 알고 있고 믿고 있다. 그래서 지금은 괴롭지만 당황하거나 엉뚱한 짓을 하지 않는다. 당장의 부정적 감정에 휘말리지 않는 것이다. 이게 세로토닌 고유의 기능이다. 세로토닌은 언제나 긍정적인 쪽으로 작동하기 때문이다.

세로토닌형 인간은 쓰라린 경험에서 교훈을 얻는다. 세상이 끝장 날 것 같은 절망감을 맛보지만, 세월이 흐르면 그 일이 그리 절망적이지만은 않았음을 깨닫는다.

지금 이렇게 건강하게 버티고 있다는 것만으로도 축복이며, 세월이 약이라는 것을 그는 알고 있다. 그렇기에 어떤 상황에서도 언제나 긍정적인 쪽으로 생각을 돌린다. 설령 실패가 있다 해도 '그만하기에 천만다행'이라 생각하고, '나는 건강하고 다시 도전할 기회가 있다, 하늘은 스스로 돕는 자를 돕는다'고 스스로를 다잡는다. 어떤 경우에도 부정적인 생각을 하지 않는다. 긍정의 힘은 하늘도 움직이게 한다.

| 다섯째, 우뇌형이다

한국인은 옛날부터 참으로 부드럽고 은근하며 여유만만이었다. 농사라는 것이 서두른다고 될 일이 아니기 때문이다. 심고 자라 수확할 때까지 차분히 기다려야 한다. 자연 속에 묻혀 자연과 함께 살아갈 수밖에 없다. 개발이니 경쟁이니 할 것도 없었고, 그야말로 전형적인 감성 체질이었다. 뇌 과학적으로 본 한국인의 심성은 우뇌적인 세로토닌형이었다.

대뇌는 좌우 양반구로 나뉘어 있으며 양쪽 기능이 각기 다르다는 게 뇌 과학적으로 밝혀졌다(그림8 참조).

우뇌는 좌뇌에 비해 이미지적 사고를 한다. 사물을 파악할 때도 이미지적으로 하기 때문에 공간 파악 능력이 탁월하다. 원을 그려도 손으로 쓰윽 그린다. 좌뇌형이 컴퍼스로 정확히 그리는 것과는 대조적이다. 셈도 서너 개, 네댓 개 등으로 대충 한다. 활을 잘 쏘고 골프를 잘 치는 것도 우수한 공간 파악 능력 덕분이다.

거스름돈을 받아도 세지 않고, 팁도 손에 잡히는 대로 준다. 참 수월하고 모든 게 시원시원하다. 정확히 따지거나 계산하지 않는다. 그래서 우리는 지성적이거나 이성적이기보다는 감성적이다. 노래와 춤을 즐기고 신나게 잘 노는 것도 우뇌형이기 때문이다.

논리적이고 합리적이기보다는 직감적이다. 감만 떠오르면 덤빈다. 자세히 따지거나 치밀한 준비 없이 감만 잡히면 일단 저지른다. 그러다 보니 중간에 문제도 많이 생긴다. 하지만 기막힌 유연성과 융통성으로 문제를 해결해 나간다. 따라서 실패도 많지만 성공도 많다. 대체로 이런 성향이 우뇌형 인간의 특징이다(졸저 《우뇌가 희망이다》 참조).

이웃 나라 일본이나 미국, 서구 등 소위 20세기 선진국은 대체로 좌뇌형인 데 반해, 우리는 우뇌형이다. 물론 우리 중에도 좌뇌형도 많고 또 좌우 어느 쪽이 우위인지 구별이 안 되는 양 뇌형도 있다.

[그림 8] 좌뇌와 우뇌의 기능 차이

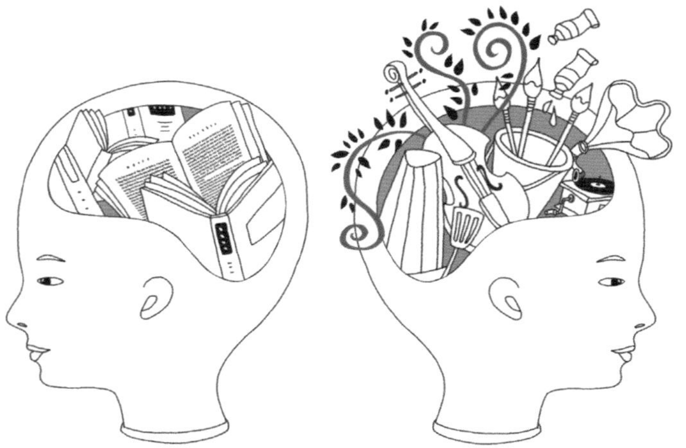

좌뇌	**우뇌**
언어적 사고와 판단	시각적 · 이미지적 사고와 판단
많은 정보에서 체계적 추리	하나의 정보로 전체를 파악
이성, 지성	감성
논리적	직감적, 감각적
분석적	공간적, 도형적
합리성	비합리성, 신비성
규범, 억압	무규범, 자유로움
유교적	무교적
의식	무의식

하지만 사회 전체로 볼 때는 단연 우뇌형이 우세하다. 여러 요인이 있겠지만 오랜 세월 한반도에 살면서 무교적 전통이 이어져 왔기 때문이다.

오늘날 당신의 종교적 배경이 어떠하든 한국인의 기본적 심성을 이루는 건 무교성이다. 가무를 즐기고 신이 나면 무슨 일이든 겁 없이 잘해 낸다. 감만 잡히면 일을 저지른다. 우리는 기분파다. 술을 마실 때도 그렇고 돈을 쓸 때도 그렇다. 쩨쩨하게 따지지 않는다. 우리와 비슷한 일본이나 중국에는 없는 한류 열풍이 있는 것도 그런 이유 때문이다. 한류는 노래와 춤으로 사람을 매료시킨다. 2002년 월드컵 때는 국민 모두 붉은 티셔츠에 신명 나는 굿판을 벌였다. 전 국민이 무당임을 전 세계에 자랑한 날들이었다.

이렇게 은근하고 차분하던 한국인이 근대화가 시작되면서 경쟁과 스트레스, 조급증 등으로 인해 좌뇌적 성향이 강해지기 시작했다. 물론 경쟁을 안 할 순 없다. 하지만 우리는 심하다. 아주 살벌하다.

이젠 옛날의 느긋하고 부드러운 우뇌적 심성을 회복해야 하는 시점에 이르렀다. 굳이 스트레스 해소 차원 때문만은 아니다. 우리는 지금 너무 조급하고 인심도 각박해졌다. 마치 생존의 비결인 양 습관화되어 가고 있다.

잠시 멈추고 산다는 게 무엇인지 차분히 생각해 보자. 세로토닌 회복 운동은 삶의 질을 회복하자는 운동에 다름 아니다. 노르아드레날린적 경쟁, 엔도르핀적 열광 문화에서 이제는 차분한 세로토닌적 문화의 시대를 만들어 가야 한다.

세로토닌형은 인간적이다. 너무나 인간적이다. 사람 냄새가 나고 훈훈한 정이 묻어난다. 입가에 가벼운 웃음과 함께 온화한 기운이 감돈다. 참으로 부드러운 사람이다. 물 흐르듯 자연스럽다. 무리를 하지 않고 부딪히거나 충돌이 없으니 적이 없다.

지난 세기 산업 사회의 살벌한 경쟁은 인간성마저 말살시켰다. 우리는 지금도 찰리 채플린의 영화 '모던 타임스Modern Times'를 기억하고 있다. 조립 라인에 서서 계속 밀려오는 나사를 조이는 게 그의 일이다. 잠시 한눈이라도 팔았다간 나사가 수북이 쌓인다. 도대체 이 나사가 어디에 어떻게 쓰이는지도 모르는 채 그냥 기계처럼 움직이기만 한다. 효율 문화의 전형이다.

공장장은 그것도 모자라 자동 점심 식판을 준비한다. 점심을 먹으며 일을 해야겠다는 계산이다. 손으로 일을 하면서 입만 갖다 대면 자동으로 기계가 떠먹여 준다. 빨리 먹이려니 속도가 빨라진다. 씹을 틈도 없다. 아, 그 난감해하는 채플린의 표정이라니!

다행히 그런 효율지상의 시대는 서서히 마감되고 있다. 이젠 좀 느려도, 효율성이 떨어져도 말살된 인간성을 회복해야겠다는 운동이 조용히 일어나고 있다.

한국의 드라마 '대장금'이 세계인의 심금을 울리는 것도 이러한 흐름과 무관하지 않다. 세계는 지금 빠름에서 느림으로, 동에서 정으로 바람이 불고 있다. 패스트푸드가 철퇴를 맞고 있다. 느려도 사람 체취가 풍기는 음식을 찾는다.

세로토닌형 인간의 라이프 스타일이야말로 21세기가 지향하는 삶의 모습이다. 기업도 단연 인간 중심의 문화로 변해 가고 있다. 개개인의 의견을 반영해 직원 모두가 창조성을 발휘할 수 있게 한다. 그럼으로써 자기 성취감을 얻고 소속감을 갖게 만든다.

선의의 경쟁을 하되 공정하게 한다. '이기느냐, 지느냐'가 아닌 모두가 함께 잘 사는 윈-윈Win-Win 체제로 바뀌어 간다. 당연히 직원들 사기가 올라간다. 이런 회사가 망할 리 없다. '인간 경영'이란 말도 이러한 시대적 요청에서 출발했다.

| 일곱째, 베풀어 행복하다

에리히 프롬의 명저 《사랑의 기술》에서는 '완숙한 사랑'을 '나누고 베풀수록 더 샘솟는 것'이라고 정의한다. 내 젊은 날의 즉각적 반응은 '어떻게 그럴 수가?'였다. 주면 그만큼 내게 있는 게 줄어드는 건데, 이건 너무도 명백한 계산법인데, 늘다니? 우리는 딱하게도 이런 계산법에 익숙해 있다.

하지만 잘 생각해 보자. 내가 베풂으로써 그가 행복해하고 좋아하는 모습을 보면 나도 덩달아 그렇게 된다.

이게 바로 앞에서 이야기한 뇌 속 거울 신경 세포의 신비스러운 기능이다. 거울 신경 때문에 다른 사람의 표정이나 행동을 보면 나도 절로 그렇게 된다.

우린 이걸 공감이라 부른다. 나의 베풂에 상대가 미소 지으면 나도 미소 짓게 된다. 반대로 내가 쌀쌀맞게 굴어 상대가 기분 나빠하면 나도 기분이 나빠진다. 이는 인간뿐 아니라 동물에게도 있다는 게 실험적으로 증명되고 있다.

인간은 본능적으로 이타적이다. 남을 위해 좋은 일을 할 때 상대가 즐거우면 나도 즐겁다. 이건 뇌 과학적으로 증명되고 있다. 우리 뇌 속엔 거울 신경이 있어서 상대의 감정이나 행동을 보면 내 뇌 속에서도 같은 부위의 신경이 활성화된다. 하품이 전염되는 것이나 상대가 밥을 맛있게 먹으면 나도 덩달아 맛있게 먹게 되는 것도 그 때문이다.

영화나 좋은 경치도 함께 보면서 공감해야 즐거움이 더 커진다. 섹스도 기본적으론 상대를 즐겁게 해 주는 행위다. 즐거워하는 상대를 보면서 나도 즐거워지는 것이다.

굳이 뇌 과학이 아니라도 인간에게는 이타적 본성이 있음을 우리는 일상에서 자주 경험한다. 아무리 나쁜 사람이라도 이타적 본성은 있다. 다만 '주면 손해'라는 계산법이 고착화되어 있어 실천하기가 쉽지 않을 뿐이다. 따라서 '더 가져야 행복'이라는 도파민적 · 엔도르핀적 가치관에 얽매이게 되고, 그렇게 되면 아무리 많이 가져도 부족하다. 불평불만이 절로 나올 수밖에. 이보다 불쌍한 사람이 또 있을까?

세로토닌적 삶을 살면 이타적 본성이 더욱 강화된다. 이게 세로토닌적 가치관, 세로토닌형 인간의 궁극적 이상이자 축복이다.

그리고 잊지 마라. 알고 보면 당신에게도 그런 본성이 있다는 사실을!

| 여덟째, 자연 친화성 지능이 높다

세로토닌형 인간은 자연을 사랑한다. 누가 자연을 싫어할까마는 세로토닌형 인간의 자연 사랑은 남다르다. 자연을 대하는 자세부터 다르다.

바쁜 도시인들을 보라. 아침 출근길에 쫓기느라 미처 자연을 느낄 겨를이 없다. 베란다에 핀 꽃에도 눈길이 가지 않고 매미 소리도 들리지 않는다. 도심의 생활은 오감(五感)을 닫고 사는 생활. 꼴 보기 싫어 눈을 감고, 매연 냄새에 코를 막고, 소음에 귀를 닫는다. 이웃과 인사도 하지 않고, 마음마저 닫고 산다.

열려 있는 것은 오직 비상 감시망뿐이다. 잠시도 편치 않다. 바스락 소리에도 도둑이 아닐까 바짝 긴장한다.

'삭막한 도심', '감성이 메말랐다' 는 소리가 절로 나온다. 하지만 그건 큰 착각이다. 도심에도 지천에 널린 게 자연이다. 정원의 나무 한 그루, 길가의 가로수, 한 정거장만 가도 미니 공원, 고개만 들면 사방이 산. 우리는 정말이지 천혜의 자연을 타고난 축복받은 민족이다. 단지 우리가 못 보고 못 듣고 못 느낄 뿐이다. 너무 바쁘고 쫓기기 때문이다.

조금만 찬찬히 여유를 가져 보라. 뜰에 핀 꽃에도 눈이 가고, 새들의 지저귐도 들릴 것이다. 그래, 이 소리! 얼마나 정겨운가.

마음이 그지없이 편안해진다. 이러는 순간 신경 소포에서 세로토닌이 터져 나온다. 잔잔한 감동이 일렁인다. 이게 세로토닌형 인간의 라이프 스타일이다.

하지만 대부분의 사람들은 딱하게도 모처럼의 교외 나들이 때마저도 쫓기고 너무 바쁘다. 차로 휙 달려 사진 찍고, 또 다음 행선지. 시간 맞추기에 급급해 마냥 쫓긴다. 이 정도면 나들이가 아니고 노동이다. 모처럼 산에 왔으면 산의 진수를 맛보고 가야 한다. 자연을 느끼는 일이 얼마나 소중한 체험인가를 깨달을 수 있어야 한다. 잔잔한 감동이 온다. 세로토닌이 신경 소포에서 터져 나온다.

그냥 좋다는 것만으로는 안 된다. 정말이지 눈물이 핑 돌게 감동해야 한다. 이 점에서 세로토닌형 인간은 단연 압권이다. 온몸에 잔잔한 전율이 일어난다. 자연을 느끼는 게 얼마나 소중한 일인지를 깨닫는 것이다. 자연은 그 자체로 세로토닌이자, 세로토닌의 보고다.

자연에서 얻는 감동 파동은 온몸의 세포에 전달된다. 이럴 때 비로소 도심에서 찌든 피로하고 노쇠한 세포 하나하나가 신선한 활력으로 넘치게 된다. 이게 자연이 주는 진정한 휴식이다. 도심에서의 휴식은 커피나 드링크류일 뿐. 도심의 오염된 환경에선 현실적으로 어쩔 수 없는 일이려니!

하지만 조금만 연구하면 도심에서도 얼마든지 자연이 주는 감동을 맛볼 수 있다. 베란다에서 키우는 꽃이나 가로수처럼 지천에 널린 게 자연이다. 바쁘게 쫓기지만 않는다면, 그리고 조금만 여유를 갖는 슬기를 더한다면, 잔잔한 감동은 결코 멀리 있지 않다는 걸 체험할 수 있다.

세로토닌형 인간은 이러한 체험을 일상적으로 한다. 자연 친화성 지능이 높기 때문이다.

여행을 즐기고, 길을 느껴라

"내 형편에 무슨 여행을?"

이런 말을 들을 때마다 내 대답은 한결같다. 그러니까 떠나야 한다는 것. 그렇다. 나라 형편도, 회사 형편도 어려운데 무슨 한가한 소리냐고 하겠지만, 그럴수록 떠나야 한다. 이건 단순한 소극적 도피가 아니다. 새로운 해답을 찾기 위한 적극적 해결책이다.

회사가 복잡한 문제들로 실타래처럼 얽히고설켜 있을 때 그 속에 갇혀 함께 돌아가노라면 문제를 객관적으로 볼 여유도, 해결할 여유도 없다. '회사＝골칫거리'라는 회로가 뇌에 정착되어 있는데 새로운 해결책이 보일 리 없다.

이럴 때는 일단 떠나야 한다. 그래야 전체적으로 조망을 하면서 객관적인 해결책을 찾을 수 있다. 여행을 통해 새로운 자극을 받아 뇌 속에 새로운 회로가 형성되기 때문이다.

인생에도, 사업에도 파도가 있다. 지금의 슬럼프도 그 과정의 하나일 뿐이다. 그러니 훌훌 떨치고 떠나야 한다. 사치스러운 여행이 아니라도 좋다. 어디든 모든 것에서 해방될 수 있는 곳이면 된다. 텔레비전이나 라디오가 나오지 않는 곳, 신문도 볼 수 없고 휴대폰도 안 되는 곳이어야 한다. 그래야 자유로운 발상, 새로운 해결책이 떠오른다. 적당한 곳이 없다면 힐리언스 선마을을 추천한다. 건강도 챙기고 말이다.

꼭 회사가 어려워서도 아니다. 창조적인 삶을 사는 당신에게 휴식은 필수다. 회사나 가족에게 미안해하거나 죄책감을 가질 필요도 없다. 이게 그들을 위하는 길이다. 잠시 세상과 단절된 휴식은 당신의 지친 심신을 회복시켜 줄 것이다.

새로운 환경, 새로운 문명과 접하면 뇌에는 새로운 회로가 생긴다. 가벼운 흥분과 함께 해결책이 떠오른다. 첨단을 달리는 사람들이 원시적·노마드적 향수에 젖어드는 까닭도 이에서 비롯된다. 과학 문명의 첨병인 이들은 유목민적인 생활을 그리워한다. 그래서 아프리카 정글, 사막, 몽골 초원으로 달려가 거침없이 뒹굴고 싶어 한다. 원시성 회복을 위해서다.

문명에 찌든 심신의 해독에 이보다 더 효과적인 것은 없다. 완전히 새로운 사람으로 태어나고 인생철학이 생긴다. 내가 지금 어디로 가고 있는지, 이대로 가면 되는 것인지, 이게 정녕 내가 원하는 인생인지 진지하게 생각해 보게 된다. 참으로 소중한 시간이다.

자유로움, 해방감, 신선함. 비즈니스 여행이라도 좋다. 일단 떠나라. 심신의 재충전을 위한 좋은 여행으로 만들어라. 세로토닌 여행의 진수를 맛보라.

정 떠날 형편이 안 되거든 내가 좋아하는 나만의 길을 만드는 것도 좋다. 그날의 컨디션이나 기운에 따라 걸을 수 있는 몇 군데 길이 있으면 더욱 좋다.

난 마음이 약해질 땐 덕수궁 돌담길을 걷는다. 이 길은 한밤에 걸어도 안전한 곳이라 더 좋다. 인왕산 언저리에서 시작해 독립문, 기상대, 교육청, 경희궁 벽으로 이어진다. 강북 삼성병원, 이화여고 후문, 그리고 덕수궁 돌담길을 돌아 지금은 시청 앞에서 끝나지만, 짐작건대 진고개를 지나 남산 샌님골로 이어졌으리라. 밤이면 인왕산 호랑이도 어슬렁거렸음직하고, 나무꾼도 이 길을 따라 남산 샌님골로 갔겠지.

이 길을 걷노라면 구한말의 어수선한 정변이 눈에 선하다. 고종의 근심스러운 얼굴도 덕수궁 높은 돌담 너머로 보인다. 가슴에 태극기를 품고 주변을 두리번거리는 유관순 소녀도 어른거린다.

이런저런 상념에 잠겨 걷노라면 긴 역사의 여정에서 지금의 작은 고통은 아무것도 아니라는 생각이 든다. 마음이 약해질 때 내가 이 길을 찾는 이유다.

이 길은 내겐 창조의 길이다. 이 길을 어슬렁거리노라면 불현듯 기막힌 아이디어가 떠오르곤 한다. 플라자호텔에서 커피 한 잔 마신 뒤, 넓은 시청 광장을 지나 세종로의 시원한 거리, 청계천을 바라보며 걷는다. 이어 교보문고로 향하면 온갖 지적 호기심으로 가슴이 뛴다. 무슨 책이 나와 있을까. 넓은 매장을 둘러보노라면 온갖 책이 가슴을 뛰게 만든다. 몇 권을 골라 돌아오는 길, 커피숍에 앉아 책을 펼쳐 드는 순간의 흥분이라니!

또 예술의 거리 인사동이 있다. 수요일이면 화랑마다 그림이 바뀌고 작은 잔치나 강연이 열린다. 예술가만이 아니다. 좋은 사람도 많이 만난다. 딱딱한 머리가 부드러워지고 가슴 가득 감성의 물결이 인다.

가을 단풍이 물들면 동십자각에서 삼청동 가는 길도 기막히다. 노란 은행잎을 밟으며 바라보는 경복궁 너머의 인왕산 낙조가 일품이다. 요즘은 예쁜 카페도 많다. 봄이 오면 청와대 앞길도 한적하고 아름답다. 약간의 위압감을 갖게도 되지만 경치에 비하면 무슨 대수랴.

아름다운 낭만의 길만이 아니라 어릴 적 힘들고 고생하던 길도 좋다. 그런 길을 걷노라면 오늘의 내가 자랑스럽고 대견하다. 친구들과 낄낄거리던 길도 좋고, 벼가 익는 들판 길은 또 어떤가.

나는 또 언젠가 지중해 크루즈에서 맞은 낙조를 잊을 수가 없다. 바닷바람을 안고 저무는 낙조를 바라보며 갑판 위를 거닐다 지중해 속으로 빨려 들고 말았다. 일행들이 나를 찾느라 온 배를 헤집는 소동을 피운 게 미안했지만, 내게는 잊을 수 없는 황홀한 낙조, 선상, 갑판, 길이었다.

당신만의 길이 있는가? 좋은 길이라면 차를 타고라도 가 보자. 새로운 세계가 펼쳐지면서 당신의 매너리즘을 일깨워 줄 것이다.

4장

잠재 능력 200% 올려 주는
전두엽 만들기 10계명

당신의 두뇌는 얼마나 효율적으로 움직이고 있는가? 뇌를 어떻게 다루느냐에 따라 스트레스가 줄고, 의욕이 생기며, 성과가 높아진다. 그러니 당신의 뇌를 트레이닝하라. 거창한 훈련이나 화학 요법을 떠올릴 필요는 없다. 당신에게 필요한 것은 지금 당장 실천할 수 있는 사소한 습관들이다.

HERE
&
NOW

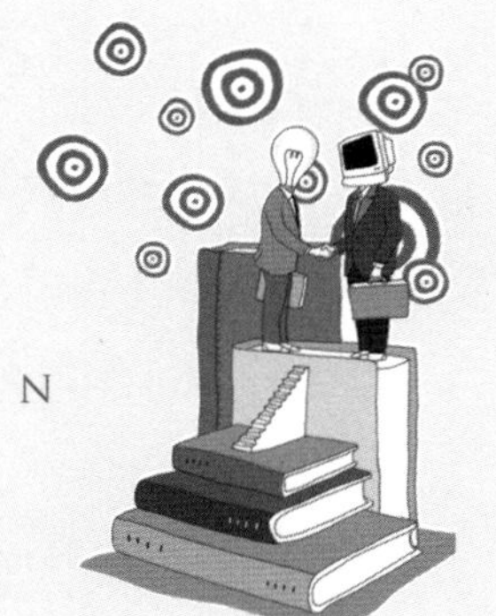

ALL THAT SEROTONIN

인간답게 살려면 전두엽의 기능이 중요하다고 했다. 운동, 언어, 지성, 이성, 감성 등 뇌의 모든 고급 기능을 총괄 지휘하기 때문이다.

전두엽의 위치는 이마 바로 뒤. 대뇌 사령부 가운데 최고위층이다. 전두엽 관리를 잘 못하면? 소위 '전두엽 퇴화 증후군'이 온다. 감정이 무뎌지고, 희로애락에도 무감각해지며, 부끄러움을 몰라 체면을 차릴 줄도 모른다.

움직이는 식물인간이라 할 만하다. 이렇게 되면 아름다운 삶은 끝장이다. 그러니 인간다운 삶을 살고 싶다면 전두엽 관리에 신경 써라.

전두엽 관리를 효과적으로 잘하는 데는 몇 가지 방법이 있다. 그중에서도 제일은 '감동'이다. 특히 지속적인 감동은 전두엽의 퇴화를 막는 명약이다. 온몸에 전율이 흐르고 숨이 멎을 정도의 감동도 좋지만, 일상에서 느끼는 잔잔한 감동 역시 세로토닌 분비를 촉진해 뇌를 젊게 만든다.

오늘날 발전한 사회는 오히려 인간의 고귀한 정신을 말살시키고 있다. 각종 IT 기기의 짜릿함에 재미 들려 흥분을 느낀다면 이것만은 기억해라. 그러는 동안 당신의 전두엽은 침묵하고 있다.

이제부터는 아주 작은 실천으로 잠들어 있는 전두엽의 가능성을 깨워 보자. 그리 어려운 일도 아니다. 어려운 일이라면 이렇게 쓰지도 않았다.

지금부터 설명할 전두엽 만들기 10계명은 뇌를 젊게 유지해 주고 세로토닌 분비를 촉진하는 평생 보약이다.

첫째,
눈물이 나도록 감동하라

영화를 보든 애인을 만나든 감동될 만한 자극이 뇌에 들어오면 뇌 신경 소포에서 감동 물질이 터져 나온다. 이 물질이 다음, 다음 신경으로 연계되어 온몸에 짜릿한 감동 반응이 일어나게 된다. 벅찬 감동에는 엔도르핀과 도파민이, 일상의 잔잔한 감동에는 세로토닌이 분비된다.

낙관적인 사람은 하찮은 일에도 감동 소포가 잘 터지지만 비관적인 사람은 좀처럼 터지지 않는다. 대체로 남성이 여성보다 둔하다. 특히 경상도 남자는 이 점에서 악명이 높다. "저 달 좀 보이소!" 감격하는 아내에게 "와, 달이 니보고 뭐라 카더나?" 무안을 준다.

영화도 감동이 생명이다. 감동이 없다면 누가 그런 영화를 보랴. 눈물이 펑펑 쏟아지게 해야 감동적인 영화다. 영화의 주인공도 아니면서 왜 눈물이 날까?

인간에겐 공감 능력이 있기 때문이다. 주인공들의 눈물겨운 역경과 영광을 마치 내 일처럼 느낄 수 있는 공감력이 인간에게 본능적으로 있기 때문이다.

앞에서 이야기한 거울 신경 세포의 기전도 물론 여기에 관여한다. 이는 동물에게도 있다. 그러나 전두전야에 있는 공감력이나 눈물은 인간만이 지닌 고급 감정이다. 특히 어른이 흘리는 눈물은 강력한 스트레스 치유제다.

우울증 환자는 늘 울기만 할 것 같지만 실은 잘 울지 못한다. 울고 싶어도 눈물이 나지 않는다. 그래서 우울증이다. 전두전야 기능이 약화되어 있기 때문이다. 우울증 환자가 울기 시작하면 치료가 잘되어 간다는 증거다.

눈물이 나기까지의 뇌 시스템을 보면 쉽게 이해할 수 있다. 감동적인 영화라도 곧바로 눈물이 나진 않는다. 얼마간의 시간이 필요하다. 뜸을 들여야 한다. 이게 바로 명감독이 하는 일이다. 울기 직전엔 긴장과 스트레스가 오고, 실제로 교감 신경이 흥분된다. 울고 싶은 심경이 쌓여 가면 전두전야에 혈류가 증가하면서 공감 뇌 기능이 활성화된다.

그리고 어느 순간 왈칵 눈물이 난다. 순간 교감에서 부교감으로 스위치가 일어나며 치유 효과가 나타난다. 그러니 울고 싶을 땐 실컷 울어야 한다.

감동이 어떤 기분인지 한마디로 표현하기는 쉽지 않다. '가슴이 찡하다', '아! 소리가 절로 난다', '온몸에 전율이 일면서 눈물이 난다', '숨이 멎을 것 같다', '말로 표현할 수 없다'……. 감동은 전신 반응이지만 그 시작은 전두엽과 변연계 공명의 합작품이다. 동물도 변연계의 감정은 있지만 감동은 없다. 감동은 인간만의 고등 감정이다. 의욕 중추가 흥분되고, 해마는 이 감동의 순간을 잘 기억해 두었다가 다음을 기약한다.

벅찬 감동은 사람의 운명을 바꾸는 결정적인 계기를 만들어 주기도 한다. 그리고 잔잔한 감동은 일상에서 쉽게 느낄 수 있다. 삶에 대한 환희, 사는 맛, 멋, 낭만, 보람, 잔잔한 행복 등 살아 있음을 느끼게 해 준다. 뇌 과학에선 이를 '세로토닌 상태'라고 부른다.

'감동 없는 삶이 어찌 인생이랴.'

아인슈타인이 남긴 명언이다. 성공적인 삶은 감동이 빚어내는 축복이다. 우리를 감동케 하는 건 무수히 많다. 일상생활에 널려 있다. 생활 전반이 세로토닌적이어야 하는 까닭이 여기 있다.

좋은 마음을 먹으면 좋은 물질이, 나쁜 마음을 먹으면 나쁜 물질이 터져 나온다. 이렇게 보면 '마음'이란 추상적인 게 아니라 구체적인 물질이요, 에너지다.

마음은 가슴이 아니라 뇌에 있다. 그래서 '모든 게 마음먹기에 달려 있다'는 말도 수긍이 간다.

우리 몸에 있는 육십조 개의 세포 가운데 제멋대로 기능하는 것은 하나도 없다. 반드시 대뇌의 지령에 따라 움직이게 되어 있다. '땀 흘려라', '설사해라' 등 의식하지 못하는 명령도 있지만, 이 역시 뇌의 자율 신경 사령부의 지령에 따라 움직인다.

그리고 그 지령을 내리는 것은 마음이다. 따라서 마음이 건강해야 몸이 건강해질 수 있다.

거울 속 나에게 칭찬을 해 주자

'난 안 돼!' 라는 생각이 들거든 거울 앞으로 가라. 그리고 소리를 내어 자기 칭찬을 해 보자.

"넌 천재야, 넌 눈이 잘생겼어, 넌 웃음이 예뻐, 네 머리카락은 부드러워, 넌 진실해."

겸손은 금물, 자만이라도 좋다. 처음엔 어색하지만 차츰 익숙해진다. 그러다 보면 진짜 그런 것처럼 느껴지면서 만족스럽고 행복해진다.

'난 안 돼!'

이게 인간의 한계를 만든다. 오랜 정신과 의사로서의 경험이다.

둘째,
일단 시작해 보는 거다

■ 이런 실험을 해 보자. 잠시 가만히 앉아 있어 보라. 어떤 생각이 떠오르는가? 좋은 생각? 나쁜 생각?

연구에 의하면 긍정적인 생각보다 부정적인 생각이 더 많이 떠오른다고 한다. 왜 그럴까? 세상엔 좋은 일보다 나쁜 일이 더 많아서다. 또한 정적인 상태에선 마음과 몸에 흐름이 없기 때문에 정체가 된다. 고인 물이 썩듯이 부정적인 생각이 더 많아질 수밖에 없다.

실험이 시사하는 바는 분명하다. 인간은 움직여야 한다는 사실이다. 움직여야 바람이 일고 온몸에 기의 흐름이 일렁인다. 이게 동물의 속성이다.

구상이나 기획을 해도 우리는 생각이 너무 많다. 이것저것 생각하노라면 안 되는 일이 더 많아진다. 그러다 보면 마음이 자꾸만 위축된다. 결국 그 아이디어는 펴 보지 못한 채 사장되고 만다.

이럴 때 처방은 간단하다. 일단 시작해 보는 거다. 엉성한 기획이라도 좋다. 일단 도전이 시작되면 부정적인 것보다 긍정적인 게 더 많아진다. 대뇌에 작업 흥분이 일어나기 때문이다. 하기 싫던 마음이 언제 들었냐는 듯 나도 모르게 일에 빠져들게 된다.

일을 시작하면 잠잠하던 뇌 회로에 흐름이 일어나면서 가벼운 흥분이 온다. 이 상태에 접어들면 부정보다는 긍정이, 비관보다는 낙관이 많아진다.

이게 대뇌의 본성이다. 뭔가 이루어질 것 같은 가벼운 기대감, 흥분 등을 뇌가 좋아하기 때문이다. 그러면 뇌의 연동(連動) 기능으로 인해 생각지도 못한 일이 고구마 줄기처럼 떠올라 일이 되는 방향으로 진행된다.

칼럼을 쓰든 연설을 하든 준비가 엉성하더라도 일단 시작하면 술술 풀려 나가 정말 멋진 글이, 멋진 연설이 된다. 생각하면 이상한 일이지만 이게 대뇌의 작업 흥분, 연상ㆍ연동 작용이 주는 신비스러운 기능이다.

무슨 일이든 겁 없이 도전해 봐야 하는 이유가 여기 있다. 도전한다고 물론 다 되지는 않는다. 실패할 수도 있다. 하지만 도전하고 움직이는 이상 뇌에 작업 흥분이 일고 새로운 회로가 생겨난다는 사실을 잊어선 안 된다. 이게 우리 뇌를 신선한 활력으로 넘치게 하고 생기와 의욕을 불어넣어 준다.

그러니 무엇을 해야겠다는 생각이 들면 망설이지 말고 곧장 시작하라. 우리 뇌는 망설이는 사람에게는 게으름을, 도전하는 사람에

게는 적극적 의지를 준다. 시작하라. 성패는 다음이다. 이것만으로
도 축복이다. 무얼 더 바라랴.

못생긴 스타들의 인기 비결

'저렇게 생겨도 스타가 되는구나.'

텔레비전을 보노라면 그런 생각이 든다.

'저 인물로 어떻게?'

이상하다는 생각도 든다. 하지만 잘 보라. 그렇게 생겼기에 스타가 된 것이
다. 이들은 자기 약점이나 결점을 그대로 드러낸다. 그것을 소재로 멋진 유머
를 만들어 낸다.

'못생겨서 미안합니다.'

작고한 이주일 씨의 성공 비결이다. 자신을 생긴 대로 받아들이고 털어놓아
라. 당신 주위에 웃음이 터지고 사람이 모인다. 모두들 그런 솔직한 사람을
좋아하기 때문이다.

셋째,
아침 1시간이 운명을 가른다

전두엽 관리의 열쇠는 규칙적으로 아침 일찍 일어나는 것이다. 부지런해야 한다.

성공한 정신노동자는 예외 없이 아침형 인간이다. 우선 효율성 측면에서 아침 1시간은 저녁 2시간에 필적한다. 1시간만 일찍 일어나도 생활의 질이 달라진다.

시간 여유가 있으니 출근 준비를 하느라 허둥대지 않아도 된다. 또 운동이나 독서를 할 수 있고, 아침 식사도 가족들과 대화를 나누며 느긋하게 할 수 있다. 무엇보다 큰 축복은 지하철에 앉아 책을 볼 수 있다는 점이다. 여기서 또 1시간을 번다.

1시간 일찍 일어나면 결국 2시간의 여유가 생긴다. 매일 아침 2시간씩 책을 읽는다고 하면 1년에 150권을 읽을 수 있다. 이 정도면 어떤 분야에서든 전문가가 될 수 있다. 그뿐 아니다. 자격증 취득

과정은 보통 400시간으로 구성되므로, 1년에 자격증 두 개를 딸 수 있다.

아침 1시간이 당신의 운명을 바꾼다. 이는 결코 과장이 아니다. 평직원이 일찍 출근하면 회사에서 인정을 받아 승승장구하고, 사장이 일찍 출근하면 회사가 잘 돌아간다. 이들은 아침이 기다려진다.

아침에 써야 할 기획서, 보고서, 칼럼 등을 잠들기 전 대충 머릿속에 정리해 두면 정말이지 아침이 기다려진다. 가벼운 흥분이 인다. 자는 사이 생각해 둔 것들이 요약, 정리, 편집되어 아침에 일어나면 깔끔하게 마무리 지을 수 있기 때문이다.

이게 숙면이 주는 또 다른 축복이다. 생산적일 수밖에 없다. 무엇이든 좋다. 아침이 기다려지게 하라. 맛있는 커피, 즐거운 산책, 읽다 덮어 둔 책, 운동, 아이들과의 대화 등 아침이 기다려질 거리를 만들어라.

요즘은 조찬 미팅이 부쩍 늘어났다. 효율성이 높기 때문이다. 아침이라 머리가 잘 돌아간다. 출근 시간이 정해져 있기 때문에 잡담이 없다. 시간 내에 마쳐야 하기에 모든 게 빠르다. 전두엽 작업 흥분이 활발해져 생산성이 높다.

이보다 큰 축복은 없다. 내가 최근 유명 인사들과 뜻을 모아 5시 클럽을 만든 이유도 여기 있다.

어릴 적부터 어른들은 규칙적인 생활을 강조했지만 우리는 묘하게도 저항감을 갖고 있었다. 어쩐지 구속을 받는 것 같았다. 차츰 나이가 들고 어른이 되면 그간 억눌린 규칙적인 생활에서 해방되어

제멋대로의 생활을 시작한다.

자유로워서 좋을 것 같지만 그게 얼마나 큰 스트레스가 되는지 우리는 잘 모르고 지낸다. 하루 밤샘을 해 본 사람이면 쉽게 이해할 것이다. 컨디션이 엉망이다. 리듬이 완전히 난조에 빠지기 때문이다.

신체의 모든 장기는 일정한 리듬을 탄다. 심장은 1분 동안 70회를 뛰고, 호흡은 13회를 하며, 밥을 먹고 나서 6시간 후엔 배가 고프다. 그리고 날이 어두워지면 잠이 오고 밝으면 활동 상태가 된다. 이 모든 것이 세로토닌의 기능이다. 인체의 활동과 휴식의 리듬을 잘 조절해 건강 상태를 유지해 주는 중요한 기능이다.

커튼을 완전히 내리고 깜깜한 방에서 자도 시간이 되면 깬다. 그런가 하면 '내일은 몇 시에 일어나야지' 하고 마음을 먹으면 자명종 없이 그 시간에 일어난다. 이를 '체내 시계' 혹은 '생체 시계'라고 부르는데, 이를 조절하는 것 역시 세로토닌의 신기한 기능이다.

세로토닌이 이러한 리듬 조절 기능을 잘하기 위해선 규칙적인 생활이 필수다. 무리 없는 자연스러운 생활을 하자는 것이다.

우리 인체만큼 정교한 것도 없다. 무리가 오면 몸이 신호를 보낸다. 시장하다. 먹으라는 신호다. 피곤하다. 쉬라는 뜻이다. 졸리다. 자라는 경고다.

그런데 우리는 이런 몸의 신호를 무시하고 살아간다. 규칙적인 생활을 하지 않는다. 이게 얼마나 큰 스트레스이며 이게 쌓여 병을 만든다는 걸 우리는 잘 모르고 있다.

하루의 생활 리듬을 일정하게 해야 한다. 이상적으로는 밤 10시에서 11시 사이에 잠자리에 들어야 한다. 늦어도 밤 12시를 넘기면 안 된다. 그때부터 모든 신체 기능이 휴식 상태로 들어가기 때문에 기초 대사, 체온, 혈압, 맥박 등 모든 기능이 떨어진다. 그런데 억지로 버티고 활동해 보라. 몸에 얼마나 무리가 가겠는가. 사람이 죽는 것도 이 시간대가 가장 많다.

어쩌다 취침 시간이 늦더라도 기상 시간만은 일정해야 한다. 그래야 그걸 기점으로 해서 세로토닌의 조절 기능이 원활해지기 때문이다.

짧고 깊은 수면을 위한 습관

이상적인 수면 리듬을 위한 몇 가지 팁이다.

① 저녁에 세로토닌 워킹 30분 하기

② 더운물로 10분간 목욕하기

③ 밤 10시에 잠자리에 들기

④ 아침 5~6시에 기상하기

⑤ 점심 식사 후 낮잠 20분 자기

⑥ 오후 6시에 저녁 식사 하기

사흘만 해 보라. 온 세상이 내 것 같다. 에너지가 넘치고 행복하다.

여기에 하나 더. 혹시 수업이나 회의 때 잠이 온다면 조용히 일어나 뒤에 서서 들어라. 회의에서 졸다니, 머지않아 당신 인생도 잠들어 버릴 것이다.

넷째,
책과 함께 있으면 행운이 따라온다

문득 잠에서 깬다. 비행기는 아마도 태평양 한복판을 날고 있을 것이다. 모두들 곤히 잠든 한밤중, 창가에 앉은 여인이 책을 보면서 열심히 노트북을 두드리고 있다. 가끔 생각이 안 나는지 창밖을 내다보기도 하는 그 모습이 별처럼 아름답다.

보고서를 쓰는 것일까? 아니면 기획서를 만드는 것일까? 기자인가? 별별 상상을 다 해 본다. 다소곳이 고개를 숙인 머리칼에 윤기가 흐른다. 아련한 독서등 불빛 때문일까. 그녀 주변 전체가 지적인 분위기로 넘쳐 난다.

"커피 한잔 갖다 드릴까요?"

놀라 쳐다보는 여인. 아! 그 여인. 우리 두 사람의 인연은 이렇게 시작되었다.

그녀는 세계적 식품 회사의 아시아 담당 사장이었다. 로스앤젤레스에 내려 출장 보고서를 내고 공항에서 기다리는 가족과 합류, 여행을 떠날 계획이었다. 그녀는 내가 졸저 《여성 20대 나를 바꾼다》를 쓰게 한 계기요, 모델이었다.

어디에서든 책 읽는 사람은 행복해 보인다. 지적인 분위기에다 세련미까지 넘쳐흐른다. 가까이 가고 싶고 말도 걸어 보고 싶다. 좋은 이야기가 술술 나올 것 같다.

이게 바로 책이 주는 매력이다. 책 읽는 사람에게는 사람을 끌어당기는 독특한 마력이 있다. 그러니 책을 끼고 다녀라.

이 나이까지 살다 보니 가끔 난처한 청을 받게 된다. 영향을 끼친 책을 추천해 달라는 것도 그중 하나다. 이 나이에 무슨 영향을 끼친 책이 따로 있을까. 매일 먹는 밥과 같은 게 책인데, 무슨 밥이 따로 있으며 무슨 책이 따로 있을까. 그냥 좋은 게 밥이요, 책이다.

어떤 책이든 가리지 말고 펼쳐라. 자신의 취향에 맞는 장소가 곧 책 읽기에 좋은 장소이고, 눈에 잘 들어오는 방법이 곧 좋은 독서법이다. 고즈넉한 카페나 한적한 공원 벤치에 앉아 책을 펼쳐라. 완전히 책 속에 빠져들어라.

그러곤 책 속의 주인공과 두런두런 이야기를 나누며 걸어 보라. 상상의 세계를 유영하듯 신비로운 느낌이 온다. 사색의 운치와 깊이가 더해질 것이다.

난 그래서 정적인 도서관엘 잘 가지 않는다. 오히려 동적인 상태가 지적 자극을 더 주기 때문이다.

저자와 함께, 주인공과 함께 걷는다. 그러노라면 문득 좋은 생각이 떠오른다. 그럴 땐 바로 적어야 한다. 선 채로도 좋고 길가 벤치에 앉아서도 좋다.

모처럼 떠오른 아이디어를 잊지 않으려고 용쓰다 보면 다른 생각이 떠오르지 않는다. 상상의 날개가 정지된다. 책과 메모장, 펜은 필수다. 언제 어디서든 펼쳐 들 수 있어야 한다. 생각에 빠져 아주 엉뚱한 길로 갈 수도 있다. 그런데도 기분은 좋다. 이게 지적 즐거움, 지적 행복이다.

지적 행복. 처음 들어 보았는가? 지적인 것과 행복한 것은 어쩐지 잘 어울리지 않을 것 같은가? 대단한 학자나 철학자의 이야기가 아니다. 누구나 책을 읽노라면 '아하! 그게 그래서 그렇구나!' 하며 무릎을 칠 때가 있다. 뇌 과학에선 이런 순간을 '아하Aha 체험'이라고 부른다.

순간 내 머릿속에 불이 번쩍 켜진다. 잠잠하던 뇌에 지적 회로가 생기는 순간이다. 정말 기분이 상큼하다. 이게 바로 젊음과 건강의 비결이다. 지적 자극이 주어지는 한 뇌는 결코 늙지 않는다. 수많은 뇌 과학 실험으로 실증된 것이다.

잔잔한 뇌에 지적 자극과 지적 쾌감이 가해지면 그 파장이 조용히 온 뇌로 번져 나간다. 그리고 수많은 아이디어가 잠재의식의 기억 창고에서 줄줄이 올라온다. 따로따로 있던 것들이 한데 이어져 기막힌 조합을 일구어 낸다. 와! 이런 순간을 뇌 과학에선 '스파크Spark' 혹은 '플래시Flash'라고 부른다.

이런 순간은 물론 조용히 앉아 있는 상태에서도 오지만 뇌가 흔

들릴 때 해마의 시타(θ)파가 자극되면 더 잘 온다. 책과 함께 있으면
이처럼 생각지도 않은 행운이 따라온다.

책은 아무렇게나 여기저기 놓아두자

책은 아무렇게나 던져 두는 것이다. 아무 책이나 손에 잡히는 대로 들고 적당
한 곳을 펼쳐라. 여기저기 몇 장을 넘기면서 기웃거려 보라. 참으로 신기한
일이 일어난다. 책 속의 메시지가 문제 해결의 실마리를 떠올려 준다. 어떻게
이런 일이? 우연일까? 천만에! 내 머릿속 어딘가에 맴돌고 있던 생각에 책
속의 한 구절이 스파크를 일으킨 것이다.

다섯째,
'당사자 의식'을 가져라

창조만이 살길이다. 이 점에 있어서는 개인이나 기업은 물론 국가도 예외일 수 없다.

잘나간다고 안주했다간 망하기 십상이다. 항상 새로운 창작물을 내놓아야 한다. 현대인은 쉽게 식상해하고 새것에 대한 일종의 강박증까지 가지고 있기 때문이다.

맥도날드 햄버거 맛은 전 세계 어느 나라에서도 한결같다고 한다. 하지만 한결같지 않은 데 맥도날드의 영업 비결이 있다. 기존의 맛을 유지하면서도 그 나라 고객의 입맛을 한발 앞서 바꿔 나간다. 같은 것 같으면서도 같지 않은 맛, 그게 그들의 비결이다.

이제 긴말이 필요 없다. 창조성, 이게 현대 사회의 절대적인 명제다. 문제는 어떻게 창조적 인재가 되느냐 하는 것이다. 딱하게도 창조성을 기르는 방법에는 똑떨어지는 답이 없다.

학교에서도 가르칠 수가 없다. 당장 입시라는 관문을 뚫어야 하기 때문이다. 어렵게 대학 졸업하고 사회에 나와도 사정은 다르지 않다. 인재의 보고라는 삼성에서도 창조성에 대한 체계적인 교육은 잘 이루어지지 않고 있다.

창조성 함양에 대한 책도 더러 나와 있지만 이론서일 뿐 실제 창조성 함양에 얼마나 많은 도움이 될지는 솔직히 의문이다.

이런 일련의 사실들을 종합해 볼 때 창조성 함양은 교실에서, 세미나 혹은 책을 통해 가르치기엔 한계가 있다는 사실에 직면하게 된다. 결론은 기교나 기술이 아니라 인프라를 깔아 주는 일이다. 분위기를 만들어 주고 강력한 동기 부여를 해 주어야 한다. 이는 주인의식에서 비롯된다.

'여기는 내가 주인이다', '내가 책임져야 한다'는 확고한 당사자의식이 있어야 한다. 이 집은, 이 회사는, 이 사회는 그리고 이 나라는 내가 책임져야 한다는 강력한 인식의 변화에서 출발한다. 그래야 문제가 보인다.

떨어진 휴지는 스쳐 지나가는 나그네에겐 보이지 않는다. 문제가 보이지 않는데 무슨 해결책을 강구하랴. 주인이 되어야 떨어진 휴지가 보인다. 그제야 이 휴지들을 어떻게 처리할 것인가 고민하고 방법을 찾아 해결할 수 있다.

하지만 지금까지의 방법으로는 안 된다. 버려진 휴지를 당장 어떻게 처리할 것인지부터 앞으로 휴지를 버리지 못하도록 어떤 방법을 동원할 것인지까지 근본적인 해결책을 창출해 내야 한다. 이게 바로 창조다.

멈춰라. 그리고 생각하라. 창조는 여기서 시작된다. 지금 그 자리에 멈춰 서서 차분히 생각해 보면 문제가 보인다. 문제를 발견하고 해결할 마음이 생겼다면, 그 다음은 쉽다. 책을 보며 연구하고 궁리해서 남다른 방법을 찾으면 되는 것이다.

창조란 대단한 게 아니다. 일상의 작은 일에서 출발한다. 주부가 찌개를 끓일 때도 나만의 맛을 창조하려 하고, 말단 직원이 문서를 복사할 때도 어떻게 하면 깔끔하고 효율적으로 할 수 있을지 고민한다. 이렇게 끊임없이 고민하고 머리를 써야 한다. 이런 지적 자극이 계속되는 한 머리는 늙지 않는다.

오히려 나이와 상관없이 뇌는 쓰면 쓸수록 기억을 담당하는 해마의 신경 세포가 증식된다는 충격적인 보고도 있다. 2000년 미국 캘리포니아의 소크의학연구소가 72세 교수의 뇌를 연구한 결과 밝혀낸 것이다.

머리는 쓸수록 좋아진다는 결론이다. 이게 젊음과 건강의 비결이란 걸 우리 독자들은 알고 있을 터이다.

창조력은 '전두엽의 의욕'과 '측두엽의 경험'을 곱한 값이다. 창조적 고민을 하는 자에게 무사안일은 없다. 강한 주인 의식과 책임 의식, 나 아니면 안 된다는 자만에 가까운 의식이 이들을 가만히 두지 않는다.

이들 주위엔 새 바람이 일렁인다. 신선한 기운으로 넘친다. 이들의 표정은 항상 새로움에 대한 호기심, 탐구심으로 넘쳐 난다.

이런 마음의 준비 자세가 있어야 작은 힌트나 신호에도 새로운 창조의 스파크가 일어난다.

의욕과 자신감은 불가능도 가능으로 만든다

복싱 세계 챔피언 무하마드 알리가 이런 명언을 했다.

"링의 주인은 나다. 누구도 얼씬거리면 안 된다."

이게 KO 펀치의 비결이요, 힘이다. 그는 또 이런 말도 했다.

"내가 거만하다고? 당신도 나만큼 위대해져 보라. 절로 거만해질 것이다."

여섯째,
함께 어울리되 혼자서도 행복하라

아들이 대학에 들어갈 즈음이다. 진로에 대해 의논도 할 겸 해서 바쁜 아버지가 모처럼 일찍 귀가한다. 녀석이 "아버지 오셨어요?"라며 인사를 꾸벅 하고는 제 방으로 들어간다. 기가 찬 아버지가 아들을 불러 세운다.

"얘, 넌 아버지가 어떻게 지내는지 궁금하지도 않아?"

녀석이 멀뚱한 표정으로 대답한다.

"아버지 소식은 엄마한테 잘 듣고 있습니다."

이게 어디 이 집만의 일이랴. 요즘 우리는 모두 뿔뿔이다. 아이도 하나, 거기다 독방. 가족들 얼굴 보기도 쉽지 않다. 차도 나 홀로, 이웃과 인사도 하지 않고 지낸다.

길에는 사람들이 넘쳐 나지만 모두들 고독의 그림자가 짙다. 군중 속의 고독이란 말도 그래서 생겨났을 것이다. 오늘날 한국인의 정서적 불안정도 고독한 생활과 무관하지 않다.

어릴 적 우리 고향 마을엔 앞뒷집 담장도 없었다. 끈끈한 정으로 뭉쳐 다정스럽게 지냈다. 우리는 찌개도 한 그릇에 담아 함께 떠먹는다. 개인주의 사회인 미국의 어느 학자는 그것이 '한국의 힘'이라고 했다. 우리만큼 집단욕이 강한 민족도 드물다. 함께 있으면 든든하다. 인간의 동물적 군집 본능 때문이다.

식욕, 성욕, 수면욕 다음으로 강한 것이 군집 본능이다. 충족이 안 되면 자살도 불사할 만큼 강력한 본능이다. 세상에 나 혼자다, 하느님도 소용없다는 절박한 상황이 되면 자살을 한다.

우리는 지금 군집 본능 결핍 상태에 있다. 지연, 학연을 따지고 온갖 클럽을 만드는 것도 고독한 사회의 허탈감에서 탈출하려는 본성에서 비롯된 것이다.

마음 맞는 사람끼리 함께 지내보라. 얼마나 든든하고 정겨운가. 아이도 안아 주면 울음을 그치고 잠이 든다. 안심이 되기 때문이다. 이때 우리 뇌에선 세로토닌이 펑펑 쏟아진다.

우리는 어느 패거리엔가 속해야 한다. 끈끈한 정으로 뭉치는 것이 이 삭막한 도시 생활에 윤활유가 되고 힘이 된다. 그러나 또 한편, 우리는 혼자서도 즐겁고 잘 지낼 수 있어야 한다.

이게 고독력이다. 혼자일 수 있는 힘이다. 영어로 '솔리튜드 Solitude'라고 한다. 이건 외로운 고독감 '론리니스 Loneliness'와는 근본적으로 다르다.

모든 창조는 고독력이 만든다. 예술 작품도 혼자서 하는 외로운 싸움 끝에 빚어진다. 그걸 이겨 낼 수 있어야 한다.

결론은 여럿과 함께일 때도 즐겁고 혼자서도 즐거운 사람이어야 한다는 것이다.

나를 지켜 주는 친구의 힘

당신에게 묻겠다.

'전화를 하지 않고 불쑥 찾아갈 수 있는 친구 다섯 명을 대시오.'

망설임 없이 다 댈 수 있는가? 혹은 한 명도 댈 수 없는가? 이름 댈 사람이 너무 많다면, 세상에 당신보다 행복한 사람은 없다.

일곱째,
물고기 한 마리에도
고래를 잡은 듯

흙에 풀썩 주저앉으면 포근하고 기분이 좋다. 어린 시절 고향 생각도 나고, 알 수 없는 편안함이 느껴진다. 옷이 더럽혀질까 걱정할 필요도 없고 마냥 즐겁다.

힐리언스 선마을의 감자 캐기 체험 행사. 모두들 그렇게 즐거울 수가 없다. 행복한 얼굴들이다. 남녀노소가 따로 없고, 잘난 사람도 못난 사람도 없다. 모두가 어린애처럼 깔깔 웃고 행복해한다. 그런 모습을 보고 있노라면 나도 덩달아 행복해진다.

무엇이 저들을 그토록 포근하고 행복하게 만드는 걸까? 세로토닌! 이제 독자들은 즉각 대답이 나올 것이다. 그렇다. 그 순간 우리 뇌 속에선 세로토닌이 펑펑 쏟아지고 있다.

우리 뇌는 이런 순간 까마득한 옛날로 돌아간다. 먼 옛날 우리 조상은 흙에서 태어나 흙 속에서 살다가 흙으로 돌아갔다. 그 시절엔

사장도 사원도 없었다. 인간 뇌의 신피질이 오늘날처럼 발달하지도 않았고 그 기능을 크게 발휘하지도 않았다.

인기니 명예니 자존심이니, 따질 일이 없던 참으로 순수하고 평화롭던 시대였다. 경쟁적인 현대 사회와 계급 사회 이전의 시절, 동물 뇌의 변연계로 돌아가는 것이다.

그 순간 신피질의 작동이 잠시 멈춰지고, 그 아래 동물 뇌인 변연계가 활성화된다. 거기엔 동물적인 원시 감정을 관장하는 편도체가 있다. 흙에 주저앉는 순간 여기에 울림이 오는 것이다. 이게 '변연계의 공명'이다.

변연계는 앞에서 언급했듯이 대뇌 신피질 바로 아래에 있는 원시

[그림8] 변연계의 공명

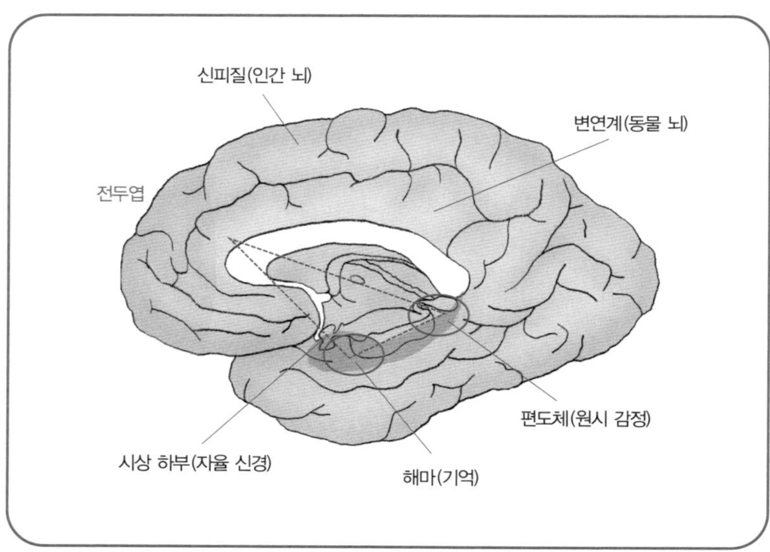

적인 뇌로서 일명 '동물 뇌'라고 한다. 생명과 직결되는 활동을 관장하는 부위로, 식욕과 성욕 등 인간의 본능적 행동의 사령부다. 동물과 마찬가지로 인간도 본능적 욕구가 충족될 때 변연계가 만족한다(그림8 참조).

편도체를 중심으로 하는 변연계의 정동 체계는 인간 뇌의 신피질과 상관없이 작동한다. 이를 '순수 체험' 또는 '원(原) 체험'이라 부르는 까닭이 여기 있다.

작은 물고기 한 마리를 잡아도 고래를 잡은 듯 환호성을 지른다. 그 짜릿하고 신나는 기분이라니!

낚싯대를 당겨 올릴 때의 그 형언할 수 없는 스릴을 맛본 사람이라면 변연계 공명이 무엇인지 쉽게 이해할 수 있을 것이다. 낚싯대를 잡은 팔의 떨림이 온몸에 전율을 일으킨다. 그러는 순간 무슨 근심이며, 열등감, 실패, 좌절감이랴.

선마을 식사 시간엔 동요가 흘러나온다. 순간 모두들 어린 시절로 돌아간다. 엄마 생각과 함께 평화롭고 행복하던 어린 시절로 돌아간다. 짓궂게 굴던 사내아이도 새삼 그리워진다. 이 역시 변연계의 공명 현상이다. 이러는 순간 세로토닌이 쏟아진다.

추억이 아름다운 것도 이러한 뇌의 신비스러운 기능 덕분이다. 추억을 떠올릴수록 마음은 행복해진다. 현대 문명의 최첨단을 달리는 사람일수록 원시적·노마드적 향수가 짙다. 유목민적 생활이 그리운 것이다. 사장이니 교수니 하는 현대 사회의 틀에서 벗어나 순수한 원시의 세계로 빠져들고 싶은 것이다. 그지없이 마음이 편안하다. 이게 변연계의 공명이다.

맑은 정신, 순수한 영혼. 현대인이 변연계의 공명 세계를 그리워하는 이유가 이해된다. 너무 영악스럽게 따지지 말고 때론 멍청하게 이런 순수 세계에 빠져 보자.

기운이 우주로 뻗어 나가는 '에너지 확대의 법칙'

선마을 자연 명상 시간. 깊은 산속에 큰 대 자로 누워 가슴을 활짝 열고 하늘을 쳐다본다. 우주의 끝은 어디일까, 공상의 날개가 끝없이 펼쳐진다. 온 산을 품에 안은 넉넉함, 자유로움, 해방감을 만끽한다. 내 몸의 기운이 온 우주로 퍼져 나간다.

뇌 과학에선 이를 '에너지 확대의 법칙'이라 부른다. 실제로 이 순간 우리 심신은 산소 흡수량이 많아지고, 혈관의 확장과 이완이 원활해지며, 심박수가 안정되고, 뇌 기능 통합이 이루어지는 등 모든 게 플러스 방향으로 흘러간다. 온몸을 웅크린 채 이맛살을 찌푸리며 주먹을 쥔 상태와는 정반대다.

여덟째,
그래도 웃자

실없는 사람이란 소릴 들어도 좋다. 그래도 웃자. 우리는 웃음에 너무 인색하다.

좀 엉뚱한 이야기 한 자루 해 보겠다.

일본이 세계 강국으로 부상한 데에는 많은 이유가 있겠지만 가장 큰 동인은 역시 웃음이 아닐까 싶다. 친절한 웃음으로 세계인의 마음을 연 것이다.

제2차 세계 대전 당시 가미카제 자살 특공대는 연합군의 등골을 서늘하게 했다. '세상에 무슨 괴물이 이럴 수 있을까' 아주 치를 떨게 만들었다. 하지만 전쟁이 끝나자 언제 그랬느냐는 듯 일본인 특유의 웃음이 살아났다.

한때 '마누라감으로는 일본 여자가 좋다' 라는 농담까지 나돌았다. 소위 '재퍼니즈 스마일Japanese Smile' 이니 어쩌니 하며 빈정대는 사람도 없지 않았다. 그러나 친절한 웃음을 싫어할 사람은 없다.

요즘 일본은 그것도 모자라 웃는 수업을 따로 하고 있다는 외신 보도도 나왔다. 전후 메이드 인 재팬Made In Japan이 세계 시장을 석권할 수 있기까지는 그들의 친절한 웃음이 큰 역할을 했다는 것이 내 생각이다.

돈 드는 일도, 힘드는 일도 아니다. 왜 우리 가게에는 손님이 안 올까 불평하지 말고 웃어 보자. 사람들이 우리 가게를 싫어하나 걱정할 것도 없다. 웃으면 된다. 고민이 있을 때 무슨 좋은 수가 없을까 힘들어 하지 말자. 처방은 웃음이다. 꽃이 만발하면 벌과 나비가 모여들게 마련이다. 뇌 속에 꽃이 피어나도록 정성스럽게 웃음을 가꾸자.

가게에서 손님이 물건을 사지 않고 돌아갔다가 다시 오게 되는 가장 큰 요인은 주인의 응대라고 한다. 잔뜩 상품을 흩뜨려 놓곤 까다롭게 따지기만 하다가 끝내 그냥 나가면 당연히 화가 난다. 하지만 그 손님이 다른 데를 둘러본 뒤 다시 오게 되는 건 주인의 친절한 웃음 덕분이다. '안 사도 좋다, 찾아 준 것만으로도 고맙다' 는 마음이 전달되어야 한다.

장사의 성패는 여기에 달려 있다. 원래 사는 사람보다 안 사는 사람이 더 많다. 가게에 오는 사람마다 물건을 다 사면 금세 부자가 되겠지. 이런 생각을 못한다면 좋은 장사꾼이 되긴 글렀다.

그게 어찌 고객과의 관계만이랴. 모든 인간관계는 웃음으로 시작해서 웃음으로 끝난다고 해도 과언이 아니다.

거울 앞에 서서 가장 멋진 웃음을 지어 보자. 웃는 얼굴을 찍은 사진을 앞에 두고 연습해 보자. 웃는 얼굴을 바라보는 것만으로도 신기하게 웃음이 감돌 것이다. 왜 그런지 설명은 필요 없을 것이다. 마음과 몸, 심신 회로는 양 방향성이라는 뇌 회로의 성질, 잊지 말자. 순간 쾌적 물질 세로토닌이 분비된다는 것도 말이다.

작은 일이다. 힘든 일도, 돈 들 일도 아니다. 우리의 작은 의식적 노력으로 내 삶이 바뀐다는 사실, 기억하라. 내 운명이 밝아진다. 어려운 일상, 힘들고 짜증스러운 삶이지만, 그래도 웃자. 그럴수록 웃자. 그래야 거기서 벗어날 수 있다. 행복해서 웃는 게 아니고 웃으면 행복해진다.

뇌를 가꾸면 아름다워지는 이유

뇌와 피부는 발생학적으로 외배엽에서 똑같이 출발했다는 걸 아는가? 그만큼 피부는 뇌와 긴밀하게 연결되어 있다. 기분이 나쁘면 즉각 피부가 반응한다. 싫은 게 피부에 닿으면 두드러기가 난다. 뇌를 잘 가꾸어야 피부가 아름다워지는 이유가 이해되는가?

아홉째,
감사가 가장 강력한 치유제다

감사하는 마음만큼 강력한 치유제도 없다. 범사에 감사하라. 입버릇처럼 달고 다니면서 해야 하는데, 이게 잘 안 된다. 짜증이 날 때, 불행하다고 느낄 때 감사할 일을 찾아보자. 하찮은 것이라도 좋다.

정신이 산만해질 때가 있다. 생활에 초점이 없는 좀 멍청한 하루를 보낼 때가 있다. 그것 역시 바쁘게 쫓기는 내게는 좋은 휴식이라고 자위를 하지만 그래도 어딘가 허전하고 아쉽다.

그런 날 난 한 가지 감사할 테마를 정한다. 꽃, 하늘, 구름, 펜 등 무엇이든 한 가지를 정해 틈틈이 생각하며 감사하는 것이다. 그러면 산만하게 흐트러진 생각이 정리가 된다.

언젠가 하루는 테마를 물로 정했다. 아침에 눈을 뜨면 제일 먼저 물을 한 잔 마신다. 아, 시원하다. 타는 목을 적셔 주고 밤새 정체된

몸에 윤기가 감돌아 흐름을 느낀다. 그러곤 세수, 면도, 샤워를 한다. 눈을 감은 채 물이 주는 상쾌함을 즐긴다. 시원하다. 이보다 좋은 각성제가 없다. 목덜미의 각성 중추를 자극해 잠자던 세로토닌을 활성화시켜 준다. 콧노래가 절로 나온다. 밤중에 정체된 온갖 노폐물이 피부를 통해 말끔히 씻겨 내려간다. 아, 개운하다. 피부 세포 하나하나의 외침이 들린다. 참으로 기분 좋은 출발을 해 주는 물, 정말 고맙다. 인사가 절로 나온다.

이럴 때 뉴욕 히피촌이 떠오른다. 히피가 한창 창궐하던 해, 여름 방학 때 그곳에서 그들과 함께 일주일을 생활한 적이 있다. 정신과를 공부하는 나에겐 참으로 의미 있는 경험이었다. 목욕은커녕 세수와 면도도 하지 않는 자유로움.

그러나 한편으론 여름철 땀 냄새에 피부가 근질근질하기도 했다. 히피촌 생활을 마치고 기숙사에 돌아와 제일 먼저 한 일이 샤워였다. 아, 이렇게 시원할 수가. 세포 하나하나가 살아나는 생동감을 맛볼 수 있었다. 이건 가히 세로토닌 샤워다. 아침저녁 쉽게 하는 샤워가 이렇게 고마운 일인 줄 미처 몰랐다.

그리고 식탁에 앉아 마시는 시원한 주스와 얼큰한 국물. 이 즐거운 식사는 온통 물이 차려 준 것이다. 생각할수록 고맙다.

출근길에 한강 다리를 건너며 바라보는 저 강은 또 얼마나 시원하고 장엄한가. 이것만으로도 축복이다.

나른한 오후의 커피 한잔은 또 얼마나 향기로운가. 퇴근 후 마시는 대포 한잔, 그리고 욕조의 느긋함. 하루의 피로가 말끔히 가신다.

물이 없었다면 어떻게 되었을까. 창밖에 내리는 저 아름다운 빗소리의 화음, 화단의 꽃, 하늘에 떠가는 구름……. 그러고 보면 전 우주가 물이다. 생명 창조의 근원이 바로 물이다. 물아, 고맙다. 고맙다는 말이 절로 나온다.

손을 씻거나 양치질을 할 때도 물의 고마움을 잊을 수 없다. 짜증난 일, 괴로운 일이 있을 땐 훌훌 떨쳐 버리는 기분으로 손을 씻어 보자. 한결 마음이 가벼워질 것이다. 물이 얼마나 고마운지 실감할 수 있다. 그러면 우리의 일상이 행복으로 넘친다.

'행복해서 감사한 게 아니라 감사하기 때문에 행복한 것이다.'

어느 수도사의 명언이다. 이럴 때 당신의 뇌 속은 밝고 긍정적인 무드로 넘쳐 난다. 세로토닌이 분비되면서 전두엽에서 작업 흥분이 인다. 무슨 일이든 잘되게 되어 있다.

오늘의 주제는 무엇인가? 당신이 정한 주제가 궁금하다. 그게 무슨 대수냐고? 직접 해 보면 알게 된다.

| **Serotonin Point** |

나를 살리는 기적의 약 '용서'

'나쁜 녀석! 절대로 용서할 수 없어.'

욕하고 비판하고 원망하고 증오할 때 당신 기분이 어떤가? 그런 생각이 드는 순간 뇌 속에선 어떤 일이 일어날까? 당장 편도체에 비상이 걸린다. 온몸에서 분노-공격 반응이 일어난다. 한 대 갈겨? 녀석에게 상처를 주기도 전에 내가 먼저 상처를 입는다. 이건 독이다. 음독자살 같은 것이다. 처방은 용서뿐이다. 나를 위해서다. 돈도 안 들고 부작용도 없고 효과는 만점이다.

열째,
머리가 아닌 가슴으로 느껴라

우리는 머리만 굴리며 살아가고 있다. 그러면서 메마른 도시라고 탓을 한다. 중요한 것은 머리가 아니라 가슴이다. 당신은 오늘이 음력 며칠인지 아는가?

달이 암만 밝아도 쳐다볼 줄을 예전엔 미처 몰랐어요
이제금 저 달이 설음인 줄은 예전엔 미처 몰랐어요

달이 떠도 가슴이 설레지 않는다면, 저렇게 밝은 달을 두고 잠이 잘 온다면, 그리고 소월의 이 시 한 구절도 가슴에 남아 있지 않다면, '왜 사나?' 자문해 봐야 한다.

"도시에선 달이 보이지 않는 걸요."

하긴 그렇다. 우리는 달을 까맣게 잊고 살아간다. 가슴에서 달이 사라진 것만큼 삭막한 일이 또 있을까?

우리 선마을에선 음력 15일이면 모든 전등을 끈다. 손님들이 깜짝 놀란다. 잠시 후 달빛에 어른거리는 자기 그림자를 보고 그제야 하늘을 쳐다본다. 아, 저 달! 까맣게 잊은 엄마의 얼굴을 바라보듯 두 손으로 가슴을 보듬어 안는다. 행복에 겨운 얼굴들이 무척이나 아름답다.

달은 그리움 그 자체다. 순간 우리는 아름답던 옛날로 돌아간다. 고향집 초가지붕 위의 박 넝쿨, 돌담길, 옛 친구, 시집간 고모, 누나……. 달은 우리를 이렇게 아련한 추억의 세계로 끌고 간다.

달빛이 온몸에 젖어 든다. 포근하다. 부드럽다. 누구도 달을 보고 원수를 갚겠다고 이를 갈진 않는다. 이게 대낮의 태양과는 전혀 다른 달밤의 정서다. 우리는 달빛 아래에서 우정과 사랑을 맹세한다. 우리는 달 민족이다. 달처럼 은근하고 부드럽다. 달 노래가 유난히 많은 것도 그래서다.

여럿이 함께 부르는 달 노래도 좋고, 둘이 달그림자를 밟고 거니는 것도 좋다. 하지만 달밤의 진수는 뭐니 뭐니 해도 혼자가 제격이다. 달밤엔 모든 생각이 조용히 침잠해 들어가면서 혼자 철학적 사색의 세계로 빠져들게 된다.

혼자 달빛 아래를 걸으면 이 우주에 나 홀로 걷는 듯한 참으로 소중한 체험을 하게 된다. 삶을 보다 의미 있게 해 주는 풍요로운 시간이다. 달빛 아래 매화는 왜 그리 청초한지, 달빛에 반짝이는 풀잎의 이슬은 왜 그리 영롱한지……. 세상 그 어떤 보석도 이보다 아름다울 수 없다. 행여 깨질까 숨을 죽이게 된다.

낮 동안의 미움, 시기, 후회 등 모든 나쁜 생각이 달빛으로 순화되고, 내 가슴은 온통 부드러움과 편안함으로 넘쳐 난다. 달보다 훌륭한 정신 치료제는 없다.

감정은 이성에 의해 억압받는 단순하고 원시적 충동이 아니다. 이것은 인간 지성을 고도의 수준에 이르게 하는 뇌 기능의 중요한 부분이다. 따라서 감정은 창조적 활동에 중요한 역할을 한다.

아이스크림 회사 베스킨라빈스의 상속자 존 로빈스는 어마어마한 재산 상속을 포기하고 환경 운동과 건강 전문가의 삶을 선택했다. 그는 100세까지 건강하게 사는 방법에 대해 이렇게 말한다.

"눈밭을 뒹굴어라. 빗속을 달려라. 달밤에 춤을 추고, 맨발로 잔디를 밟고, 스케이트와 댄스를 배우자. 친구와 함께 별을 보자. 낙조를, 그리고 해 뜨는 장엄한 아침을 보자."

알겠는가? 나이 들어도 늙지 않는 비결은 얼굴의 주름 걱정 대신 뇌의 청춘을 유지하는 것이다.

오래 씹어서 두뇌를 자극하라

요즘 우리는 너무 많이 먹는다. 그런데 씹지는 않는다. 예전 사람들은 하루에 6000회를 씹었지만 요즘은 고작 200회라는 보고가 있다.

우유, 요구르트, 크림……. 고기도 입에 들어가면 크림처럼 살살 녹아야 한다.

생명 유지를 위한 가장 기본적인 운동은 뭐니 뭐니 해도 먹는 일이다. 먹는 것만큼 즐거운 일도 없다. 이런 본능적 욕구를 즐겁게 해 주는 동력이 바로 세로토닌이다.

불행히도 오늘을 사는 한국인은 이 즐거움을 외면하는 것 같다. 어떤 음식이든 꼭꼭 씹어 먹는 대신 후닥닥 먹어 치운다. 여기도 우리의 조급증이 발동한다. 평균 10분이 안 걸린다. 그러니 세로토닌이 분비될 겨를이 없다.

맛있는 갈비도 씹기가 귀찮아 그냥 꿀꺽 삼켜 버린다. 그 비싼 갈비를. 아깝기도 하지만 그렇게 먹으면 위장이 녹초가 된다.

위장에는 이가 없다. 질긴 갈비를 소화시키기 위해 위장은 밤새 일해야 한다. 한국인에게 위장병이 많은 것은 너무 빨리, 너무 많이 먹기 때문이다.

만복감은 먹기 시작한 후 15~20분이 지나야 온다. 그걸 10분 안에 끝내 보라. 얼마가 적당량인지 뇌가 분간할 수가 없다. 허겁지겁 많이 먹고 난 뒤에야 만복감이 온다. 그땐 이미 늦다. 배가 너무 불러 움직이지도 못할 지경이 된다.

식곤증이 온다. 괴롭다. 이쯤 되면 세로토닌 대신 짜증스러운 노르아드레날린이 분비된다. 즐거워야 할 식사 시간이 매우 괴롭다. 다이어트에 성공하지 못하는 가장 큰 이유도 빨리 먹기 때문이다.

꼭꼭 씹어야 제맛이 나고 잘 씹어야 침과 섞여 반죽이 된다. 침은 강력한 소화제이고 항암·항균 작용을 할 뿐만 아니라 면역력까지 지니고 있다.

수술 환자에게 죽 대신 밥을 주는 것은 잘 씹어 먹어야 침과 함께 세로토닌이 분비되어 빨리 회복될 수 있기 때문이다. 우리 캠프 식탁엔 30분짜리 모래시계가 놓여 있다. 한입에 30회 씹고 한 끼에 30분은 걸려 먹으라는 뜻이다.

정 씹을 게 없으면 껌이라도 씹자. 5분 후부터 세로토닌이 분비되고 30분이 지나면 피크에 오른다. 시합 중에 껌을 씹는 운동선수를 더러 보았을 것이다. 세로토닌을 자극해 불안을 없애기 위해서다. 주의가 산만해서 공부가 안 되거든 껌을 씹어라. 그래도 안 되면 밖으로 나가라. 씹으면서 태양 아래를 걸으면 세로토닌 분비가 더욱 왕성해진다.

5장

걷고, 생각하고, 뇌를 깨워라

뇌 조직은 말랑말랑한 두부 같아서 물리적으로 운동하는 것이 불가능하다. 그러나 리드미컬한 자극을 적당히 주면, 뇌 내 물질이 활성화되고 뇌 기능이 좋아진다. 어떻게 하면 될까? 대답은 하나, 지금 당장 나가서 걸으라는 것. 그러나 그냥 걷기가 아니다. 세로토닌 분비를 촉진하고 문제 해결력을 높이는 워킹은 따로 있다.

WALKING!
BUS

HERE
&
NOW

ALL THAT SEROTONIN

예전에는 치매를 늙으면 오는 병으로 여겼다. '노인=치매' 가 등식처럼 여겨졌던 것이다. 그러나 현대 의학은 이러한 고정관념을 깼다. 치매의 원인은 나이가 아니라, 잘못된 식습관과 함께 뇌를 자극하지 않는 게으른 생활에 있었다. 습관이 뇌를 망가뜨리는 것이다.

지금까지 뇌를 자극하는 여러 가지 방법을 이야기했다. 하나하나 빼놓을 수 없지만, 그중에서도 가장 추천할 만한 방법은 단연 워킹이다. 세로토닌 신경은 생명 유지를 위한 리듬 운동 중추에 분포되어 있으므로, 리듬감 있는 운동을 통해 세로토닌 분비를 촉진시킬 수 있다는 것이다. 걷기는 리듬감과 강도가 적당해서 뇌를 자극하는 데 매우 좋다.

걷기는 뇌 건강뿐 아니라, 문제 해결력을 높여 주는 방법이기도 하다. 문제가 안 풀리면 나도 모르게 일어나 방 안을 서성이게 되는 이유, 알고 있는가? 역사에 길이 남을 철학자들이 산책을 즐겨 했던 이유를 알겠는가? 걷기는 뇌 활동과 밀접한 관련이 있다. 가히 발로 뇌를 자극한다고 할 만하다.

다행히도 요즈음은 워킹이 큰 붐을 이루고 있다. 물론 이것만으로도 세로토닌 분비가 촉진될 수 있다. 하지만 본 장에선 보다 효율적인 방법을 제시하고자 한다.

이 방면의 세계적 권위자 아리타 교수의 수십 년에 걸친 진지한 실험 연구결과를 종합한 것임을 밝혀둔다. 내가 아리타 교수의 연구실을 방문했을 때, 그리고 대한신경정신의학회 연사로 초청되어 왔을 때, 세로토닌문화원과 힐리언스 선마을을 방문했을 때 진지한 논의를 해주신 교수의 지도에 깊이 감사한다.

스트레스로 약해져 가는
전두엽을 살리려면

세로토닌의 적은 스트레스와 피로다. 이것들이 세로토닌 기능을 억제하기 때문이다. 심하면 우울증에 걸리거나 자살에 이르기도 한다. 실제로 자살자의 뇌에는 세로토닌이 오히려 많다. 하지만 스트레스 때문에 제 기능을 하지 못하는 게 문제다. 이게 현대인의 딱한 모습이다.

스트레스로 인해 세로토닌이 제 기능을 하지 못하면 쉽게 좌절하고 작은 스트레스도 이겨 내지 못한다. 만성 스트레스, 만성 피로 등 현대인이 달고 사는 이 불청객들이 만병의 근원이다.

그렇다면 처방은 무엇인가? 지금이라도 약화된 세로토닌 기능을 강화시켜야 한다. 스트레스를 줄이고 과로하지 말아야 한다. 그러나 이 간단한 처방이 바쁜 현대인에겐 먹히지 않는다.

해답은 평소 생활을 세로토닌화하는 수밖에 없다. 어려운 일도 아니다. 우리가 일상에서 이미 하고 있는 것들이다. 다만 이를 보다 적극적으로, 효율적으로, 생활 속으로 끌어들이자는 것이다.

가장 손쉬운 방법이 세로토닌 워킹이다. 혼자도 좋고 여럿이 함께라도 좋다. 얼마나 기분이 상쾌한가. 하늘을 날 것 같다. 문제의 스트레스 회로가 완전 해체된다. 세로토닌 워킹보다 좋은 스트레스 해소제는 없다. 온몸에 기운이 넘쳐 나고 매사 의욕적으로 된다.

스트레스가 생기면 우리 뇌는 곧바로 위기 상황이다. 즉시 위기 관리 센터가 작동한다. 먼저 노르아드레날린이 분비된다. 노르아드레날린은 시상 하부의 교감 신경을 흥분시키고 뇌하수체에서 부신 피질을 자극해 코르티코이드를 분비시킨다. 이게 'HPA축'으로 불리는 스트레스 회로다.

이게 제 기능을 잘하면 웬만한 스트레스는 문제없이 처리된다. 문제는 스트레스가 너무 커서 감당을 하지 못할 경우다. 이때는 히스테리 발작을 일으키거나 조용하던 사람이 갑자기 폭발해 끔찍한 짓을 저지르기도 한다. 혹은 이 기능이 너무 약하면 작은 일에도 지나친 걱정으로 의기소침해하고 우울증에 빠지기도 한다.

스트레스 회로의 최종 물질인 코르티솔은 스트레스로부터 우리 심신을 방어해 주기 때문에 '방어 호르몬'이라 불리기도 하지만, 스트레스가 너무 크거나 오래 지속되면 한계점에 이른다. 이 물질이 더 이상 분비되지 않으면 과로사로 죽음에 이르기도 한다.

마라톤 경기 중에 가끔 이런 불상사가 일어난다. '피로하다, 그만 뛰어라'라고 몸이 말하는데도 계속 달리면 끝내는 코르티솔이 바닥나 그 이상의 스트레스를 감당할 수 없게 된다. 부신 피질이 완전 소진된 상태가 되는 것이다. 이게 과로사나 돌연사의 원인이다. 올림픽에서 도핑 테스트를 엄격히 하는 것도 코르티솔을 못 맞게 하기 위해서다. 이걸 맞으면 피곤한 줄도 모르고 근력도 좋아지기 때문이다.

| 5분만 걸어도 행복하다

믿기지 않겠지만 단 5분만 걸어도 행복해진다. 실증된 뇌 과학적 결론이다. 아침이면 더욱 좋고, 점심시간도 괜찮다. 딱 5분만 걸어라. 태양, 하늘, 바람, 나뭇잎을 보고 느끼며. 순간 긴장이 풀리고 마음이 가벼워진다. 아! 참 좋다. 상쾌하다. 세포의 외침이 들린다.

"설마, 그럴 리가! 난 그런 경험이 없는데……."

당신만이 아니다. 그렇게 말하는 사람이 적지 않다. 딱하게도. 내가 이 책을 쓰는 건 그래서다. 딱 5분이다. 정말 기분이 사뿐하고 행복해진다. 단, 한 가지 조건이 있다. 그냥 걸으면 안 되고 하나하나의 느낌에 주의를 기울여야 한다. 마음을 가다듬어야 한다. 뺨을 스치는 시원한 바람, 푸른 하늘, 눈부신 태양, 나뭇잎의 흔들거림, 매미 소리……. 아! 참 좋다. 이 말이 절로 나온다. 걸음이 상쾌하다. 하늘을 날 것 같다. 사뿐히 대지를 걷는 내 발걸음 하나하나가 경쾌하다.

고맙다. 이렇게 내 두 발로 걸을 수 있다는 것, 새소리를 들을 수 있다는 것……. 생각할수록 나는 축복받은 사람이다. 아, 고맙다. 자연스레 리듬을 타고 걷게 된다. 호흡도 자연스럽다.

이러는 순간 대뇌에선 어떤 일이 일어나고 있을까? 우선 대뇌 피질의 기능이 살짝 억제된다. 즉 온갖 고민이나 갈등, 시기, 질투, 화, 스트레스가 잠시 가신다. 조금 전 상사한테 혼난 일, 자존심 상한 일까지 잠시 잊어진다.

"어떻게 그럴 수가 있을까?"

하지만 생각해 보라. 대뇌는 한 번에 두 가지 일에 집중할 수 없게 되어 있다. 뺨을 스치는 시원한 바람에 온 신경과 온 세포가 상쾌한 느낌으로 가득한데 그 순간 다른 생각이 날 리 있겠는가. 명상을 한 번이라도 해 본 사람이라면 이런 상태를 쉽게 이해할 수 있을 것이다.

'명상 보행' 이라는 말을 쓰게 되는 것도 이런 상태로 걸으면 명상의 경지와 별다르지 않기 때문이다. 이 순간, 뇌 신경 세포의 소포에서 세로토닌이 터져 나온다. 걷기만 해도 이 귀중한 신경 전달 물질이 분비되어 상쾌한 기분이 되지만, 주의를 기울여 마음을 가다듬어 걸으면 정말 행복을 느낄 만큼 기분이 상쾌해진다. 이게 실증된 뇌 과학의 결론이다.

5분의 걸음이 어떻게 이런 기적 같은 일을 만들어 낼 수 있을까? 우선 걷기 위해선 일상의 공간을 떠나야 한다. 새로운 환경에서 새로운 자극을 받으면 뇌 속에 새로운 회로가 생긴다. 일단 하는 일을 접고 나온다는 것만으로도 해방감이 들면서 스트레스가 가신다. 이게 기분 전환을 가져다준다. 그리고 침침한 방에서 나오면 밝은 태양 빛이 직접 망막을 자극해 세로토닌 분비를 촉진시킨다.

도심의 사무실은 음이온이 제로 상태다. 그러나 사무실 밖의 가로수, 작은 미니 공원에선 음이온과 함께 피톤치드, 테르펜이 넘쳐난다. 이 물질들이 대뇌를 신선하게 만들어 주는 것이다.

책상 앞에 앉아 있던 웅크린 자세가 걸을 때는 반듯해진다. 이것만으로도 세로토닌 분비가 촉진된다. 거기다 바람과 하늘을 느끼면 감정 뇌인 대뇌 변연계의 편도체가 자극되어 쾌적 물질인 도파민이 분비되면서 활력이 넘친다.

다시 한 번 말하지만, 주의를 기울여 5분만 걸어라. 행복해진다.

| 계단을 오르며 깊이 호흡하기

계단을 오르면 건강이 오른다. 이는 상식이다. 그런데도 지하철 에스컬레이터 앞엔 긴 줄이 늘어서 있고, 바로 옆 넓은 계단은 텅 비어 있다. 모두들 계단 공포증에 걸려 있다. 계단을 오르면 무슨 큰일이라도 날 것처럼 두려워한다. 다섯 층 100계단만 올라도 당장 60칼로리는 소비할 수 있다. 여성들은 지하철, 사무실, 아파트 등에서만 걸어도 하루 소비 열량 200칼로리는 너끈하다.

세계 장수촌은 모두 250 고지 비탈길에 있다는 사실을 아는가. 이웃집에 가든 밭에 나가든 언덕을 오르내려야 하니 절로 숨이 차 깊은 호흡을 하게 된다. 바로 세로토닌 호흡이다. 게다가 하지 근육 단련에 칼로리 소비까지. 더 이상 무얼 바라랴.

산 정상에 올라 물 한 잔 마시고 앉아 땀을 식히며 쉬노라면 격한 흥분이 가시고 호흡도 조용해지면서 그제야 상쾌함이 아련히 밀려 온다. 아, 그 기분! 세로토닌 상태다. 마음이 그지없이 편안하다. 뻐근한 다리가 오히려 기분 좋게 느껴진다. 참으로 상쾌한 피로다. 마냥 이대로 있고 싶다. 아, 이 잔잔한 감동. 계단을 오르는 기분을 이해할 수 있을 것이다.

야외라면 더 좋다. 햇빛, 바람, 자연의 소리까지 가세하면 오감이 열린다. 작은 언덕이나 마을 뒷산, 조용히 마음을 가다듬고 오르노라면 세로토닌도 절로 오른다. 가히 명상의 경지다.

우리 조상은 비탈길을 짐까지 지고 오르내렸으니 심신 훈련이 절로 되었다. 이게 어쩌면 그 열악한 환경에서 생존할 수 있었던 비결인지도 모른다. 힘들고 어려워도 마음이 편했으니까.

그런데 지금 우리는 개발이라는 이름으로 길을 평평하게 만드는 데 광분하고 있다. 작은 언덕도 안 된다. 산이 조금만 높아도 기어이 터널을 뚫어 평평하게 만든다.

쓸데없는 길도 만든다. ‘도로 마피아’가 있다더니 뜬소문은 아닌 듯싶다. 도대체 왜 여기에 길을 만들었을까 이해가 안 되는 길도 많다. 하지만 누구도 제동을 거는 사람이 없다. 지자체장이나 국회의원은 한 건 해서 좋고, 도로공사는 일감이 있어서 좋고, 주민은 비싼 보상금을 받아서 좋다. 누가 반대를 하랴. 이렇게 해서 우리의 아름다운 금수강산을 온통 평평한 아스팔트길로 떡칠을 해 놓고 있다.

그나마 도시에 계단이 있는 게 위안인가. 하지만 마물의 승강기가 등장하면서 건강과는 거리가 멀게 되었다. 계단은 빌딩 한구석에 겨우 숨어 있다. 이젠 계단이다. 창고로 쓰지 말고 아름답게 가꾸자. 계단이야말로 공짜로 쓰는 운동 기구이자, 세로토닌 제조기다.

명심하라. 계단을 오르면 건강도 오른다. 계단을 만나거든 "아, 여기에 계단을 만들어 놓았네. 계단아, 반갑다!"라는 소리가 절로 나와야 한다. 그리고 이게 진심이어야 한다.

고단위 비타민 B를 섭취하라

술, 담배, 과로, 스트레스. 생활 습관 병의 주범이다. 이럴 때 우리 몸에선 엄청난 비타민 B가 소모되고 있다는 게 학계의 보고다. 스트레스로 입은 세포의 손상. 그대로 두면 병이 된다. 세로토닌 워킹과 함께 고단위 비타민 B군 섭취. 이게 스트레스로 인한 세포 손상을 회복시키는 가장 효과적인 방법이다.

걸으며 문제를 해결하는
'소크라테스 워킹'

소크라테스가 친구들과 함께 시골길을 산책하고 있었다. 한참을 가다 보니 그가 보이지 않는다. 친구들이 여기저기 기웃거리며 찾아보니, 그가 낯선 집 앞에 멍청히 서 있는 게 아닌가.

"이봐! 거기서 뭘 해?"

그제야 친구들을 멀뚱멀뚱 쳐다보던 그가 되물었다.

"자네들, 어디 가는데?"

그는 걸으면서 완전히 딴 세계에 빠져 있었던 것이다. 부럽다. 이럴 수 있다면 얼마나 행복할까.

소크라테스 워킹. 내가 붙인 이름이다. 근사하지 않은가. 항상 쫓기며 사는 현대인에게 권하고 싶다. 그냥 걷는 게 아니라(당신에겐 그 시간도 아까우니까) 한 가지 주제를 갖고 걷자는 것이다. 당면한 문제를 머리에 넣고 걸어 보자. 간단한 필기도구를 끼고 걸으면 문제 해결의 실마리가 연동(連動)되기 쉽다.

난 '연동'이란 말을 좋아한다. 그리고 실제로 이 말은 문제 해결이나 발상에 유용하다. 뇌 과학에선 이를 '체인 어소시에이션Chain Association'이라고 부른다. 한 가지 힌트만 걸려도 그에 따른 아이디어들이 고구마 줄기처럼 줄줄이 따라 나오는 현상이다.

작은 힌트가 이렇게 연쇄 반응을 일으켜 끝내 해결책을 찾아내게 된다. 문제는 힌트다. 일단 '이걸 생각하겠다'라는 목적이 분명해야 한다. 그리고 연상을 일으키기 위한 여러 가지 큐를 준비한다. 가령 '이 골목을 걸을 때 생각이 잘 떠오르더라' 하는 식이다. 내게는 덕수궁 돌담길이 그러하다.

'여기만 걸으면 좋은 아이디어가 잘 떠오르더라'라는 생각 자체가 큐가 되어 연동을 자극하는 것이다. 가방을 드는 순간 아이디어가 떠오를 때도 있다. 이것도 큐가 된다. 넥타이를 느슨하게 매는 것도 힌트가 된다. 신발이나 모자 등도 훌륭한 자극제가 된다. 파이프를 물어야 글이 잘 써지는 작가도 있고, 스틱을 들어야 악상이 잘 떠오르는 작곡가도 있다.

길이 끝나기 전에 좋은 아이디어가 떠올라 머릿속에 정리가 되어야 한다. 잘 풀리지 않을 때도 있다. 그럴 때 나는 정동극장 근처의 전통 찻집에 들른다. 그러다 플라자호텔 커피숍에 앉을 무렵에는 머릿속에 글이 완성되어 있다.

요즘 내겐 힐리언스 선마을 세로토닌 오솔길이 지상 최고의 사색용 길이다. 여기가 내겐 창조의 산실이다. 언제까지 어떻게 하겠다는 목적이 분명할수록 머리는 더 잘 돌아간다. 시간 압박이 있으면 연상 속도가 빨라진다.

특히 일에 쫓기는 당신에겐 아무 생각 없이 멍청하게 걷는 것도 좋은 치유제이고 생활에 악센트가 될 수 있다. 하지만 그 시간도 아깝다는 사람에겐 소크라테스 워킹을 권하고 싶다. 사무실에 웅크리고 앉아 끙끙대는 것보다 훨씬 더 효율적이다. 그리고 인생 여정에서 이런 '멋진 길'이 있다는 것은 행운이고 축복이다. 당신의 인생이 한결 더 멋지고 화려해질 것이다.

| 걸으면 문제가 풀린다

문제가 풀리지 않을 때, 복잡한 일들이 엉켜 결론이 나지 않을 때, 기획은 해야 하는데 좋은 아이디어가 떠오르지 않을 때 당신은 어떻게 하는가? 풀릴 때까지 책상 앞에 버티고 앉아 끙끙대진 않는가?

이럴 때는 밖으로 나가야 한다. 일단 장소를 바꾸면 뇌의 회로가 달라지기 때문이다.

책상, 컴퓨터, 기획서, 책, 노트……. 문제가 안 풀릴 때는 보기만 해도 골치 아픈 것들이다. 이것들 속에서 아무리 끙끙대 봐야 뇌는 계속 같은 회로를 맴돌게 된다. 문제가 풀릴 수도 없고 새로운 아이디어가 떠오를 수도 없다. 일단 뇌 회로가 바뀌어야 한다.

밖으로 나와 찬바람을 쐬는 것만으로도 무겁던 머리가 가벼워진다. 대뇌의 본능적 반응이다. 밖으로 나오는 것만으로도 회로가 바

뛴다. 맑은 공기, 나무, 꽃……. 어슬렁거리노라면 새로운 것들이 뇌를 자극해 새로운 회로가 생긴다. 자연을 보고 듣고 느끼면 오감이 열린다.

그러다 보면 마음이 편안해진다. 사무실의 무거운 압박에서 벗어나 홀가분한 느낌이 든다. 사무실의 경쟁적인 분위기에선 교감 신경 흥분, 이성, 지성을 총동원해 머리를 써야 한다. 이러한 좌뇌적이고 의식적인 노력으로는 용만 쓸 뿐 새로운 아이디어는 떠오르지 않는다.

머리를 부드럽게 해야 한다. 유연성과 융통성이 있어야 뇌 속에 새로운 게 들어설 자리가 생긴다. 밖으로 나오는 것만으로도 축복이다. 오감이 열리면서 우뇌가 열린다. 여기가 창조의 보고다.

우뇌는 감성적이고 직관적이다. 좌뇌의 현실적이고 합리적인 의식적 계산과는 달리, 우뇌는 잠재의식의 세계다. 잠재의식이 열려야 새로운 아이디어가 떠오른다. 이런 순간을 뇌 과학에선 '플래시', '섬광이 번쩍 나는 발화(發火)'로 표현한다. 이때 새로운 창조의 싹이 튼다. 오감이 열리면서 우뇌가 열리고 잠재의식 속에서 영감이 떠오른다.

창조의 과정은 이렇게 진행된다. 좌뇌의 현실적 견제가 약해진 상태, 즉 좀 멍청한 상태에서 문득 좋은 아이디어가 떠오른다. 잠들기 전, 혹은 자다 말고, 아니면 술 한잔 마시고 터덜거리며 집으로 돌아가는 길에 생각지도 않던 좋은 아이디어가 불현듯 떠오른다. 물론 생각을 하지 않은 것은 아니다. 오랫동안 잠재의식 속에서 진행되어 온 고민이다. 그 고민이 이렇듯 한순간에 풀리는 것이다.

위인들의 전기를 읽다 보면 걷기가 창조에 얼마나 큰 공헌을 하는지 잘 알 수 있다. 아인슈타인의 상대성 원리도 걷는 중에 떠오른 생각이고, 톨스토이와 헤밍웨이는 방 안을 서성이며 원고를 썼다.

내 편으로 만들려면
함께 걸어라

즐거운 산책을 마치고 돌아오는 사람은 얼굴부터가 다르다. 화색이 감돌고 편안한 얼굴이다. 이것을 나는 '세로토닌 페이스'라고 부르고 있다. 행복한 얼굴이다. 이런 사람 주위에는 사람이 많이 모인다. 인간관계가 좋아질 수밖에 없다.

바쁜 출근길. 드물긴 하지만 지하철이나 버스 안에서 환한 얼굴과 마주칠 때가 있다. 순간 나도 덩달아 기분이 좋아진다. 이름도 성도 모르는 사람이지만 호감이 간다. 차라도 한잔 하고 싶다. 그러나 딱하게도 거리에는 덤덤한 표정을 넘어 우거지상을 한 사람이 너무 많다. 세로토닌 워킹을 모르기 때문이다.

아이를 타이를 때도 걸으면서 해 보자. 한결 설득력이 있다. 함께 걸으며 싸우는 사람은 없다. 다른 사람들이 보기 때문만은 아니다. 리듬 운동으로 마음이 편안해지기 때문이다. 방 안에서 꾸중을 할 때는 언성이 높아지고 장광설이 되기 쉽다. 그럴수록 화는 점점 더 커지고, 나중에는 마음에도 없는 막말까지 하게 된다. 후회막심이지만 자제력을 잃고 한번 뱉은 말은 주워 담을 수 없다. 이쯤 되면 꾸중의 효과는커녕 오히려 반감만 산다.

타이를 때는 '칭찬 70, 꾸중 30'이라는 원칙이 있다. 그래야 설득력이 있다. 아이나 부하 직원이 잘못했을 때는 먼저 그의 장점 다섯 가지부터 찾아라. 그리고 그 이야기부터 해라. 신기하게도 그 순간 내 마음이 먼저 풀린다. 먼저 칭찬해야 상대가 마음을 연다. 애정이 담긴 충고라는 확신이 생길 때 비로소 꾸중의 효과가 나는 법이다.

함께 걸으면서 이야기하자. 어깨동무라도 하면 더 좋다. '너를 믿는다', '너를 아낀다', '너를 사랑한다'는 표시다. 이것만으로도 세로토닌이 분비되어 아이의 마음이 편안해진다.

함께 걷는 것은 같은 곳을 향해 함께 가는 일이다. 전향적, 희망적, 긍정적인 마음 상태다. 그리고 리듬 운동에다 군집 본능까지 충족되면 서로간의 깊은 동료애나 신뢰감이 울렁이는 것을 느낄 수 있다. 믿음직하고 든든하다. 무슨 일이든 할 수 있고 될 것 같다. 이게 세로토닌 상태요, 평화로운 데모 행진의 심리 기전이다.

그러나 무슨 계기로 대열이 흐트러지고 걸음이 빨라지면서 달리기라도 하는 것처럼 되면 그만 세로토닌이 중단되고 노르아드레날린 상태로 스위치가 바뀐다. 흥분되기 시작하고 자칫 파괴적이고 폭력적으로 변할 수 있다. 평화스러운 데모 행진이 경찰 저지선을 만나는 순간 공격적이 되고 물리적 충돌을 빚는다. 이렇게 되면 세로토닌의 조절 기능이 상실되고 걷잡을 수 없는 흥분 상태가 되면서 공격적으로 변한다.

이쯤 되면 원래 취지와는 다르게 리더의 통솔력도 먹히지 않고 급기야는 방화, 유혈, 충돌의 극한 상황으로 치닫는다. 불행히도 이게 우리가 경험하는 데모 패턴이다. 군중 심리가 자칫 위험 상태에 빠지는 것은 세로토닌 조절 능력 상실에서 비롯된다.

| Serotonin Point |

인간관계의 기본은 인사성

인사성이 있어야 출세한다. 선배와 상사에겐 더욱 그렇다. 위로의 말, 격려, 축하, 감사의 말을 잊지 마라. 진지하고 겸손한 자세로 인사를 건네라. 인사 고과를 누가 하는데? 아부를 하란 소리가 아니다. 이것은 인간으로서의 기본 예의다. 철딱서니 없는 요즘 젊은이들 사이에서 당신은 단연 돋보일 것이다.

지하철 경로석을 반대한다

뭐니 뭐니 해도 운동의 기본은 워킹이다. 세로토닌 활성화를 위한 가장 효과적인 방법 또한 워킹이다. 세로토닌 워킹의 가장 효율적인 시간은 30분이다. 이것만으로도 60칼로리가 소비된다.

1970년대 후반까지도 우리 생활은 적게 먹고 운동은 많이 하는 소식다동이 기본이었다. 그러다 차츰 생활이 나아지면서 다식소동으로 바뀌었다. 많이 먹고 운동은 적게 한다. 수백만 년 이어져 온 유전 인자와는 전혀 반대의 생활이 시작된 것이다.

이렇게 되면서 건강에 이상이 생겼다. 비만, 당뇨, 고혈압 등 소위 편해서 오는 병이 갑자기 증가하면서 다이어트라는 말이 나오기 시작했다. 그러나 다이어트가 얼마나 힘든 일인가. 없어서 못 먹으면 서러울 뿐이지만 있는데도 안 먹는 것은 대단한 스트레스요, 불행이다. 다이어트만은 못하겠다고들 아우성이다.

적게 먹는 게 그렇게 힘들다면 대신 몸을 많이 움직이면 된다. 다식다동하면 된다. 1990년대부터 운동이란 말이 나오기 시작하고, 헬스클럽, 요가 등 운동 센터가 골목마다 생겨났다.

다이어트냐, 운동이냐. 둘 다 하지 않고 이 풍요로운 시대에 건강하게 살겠다는 것은 망상이다. 둘 다 하면 좋겠지만 최소한 하나는 해야 한다.

그러나 어느 쪽을 택하든 워킹은 기본이다. 굳이 헬스클럽에 가지 않더라도 최소한 하루 30분만 걸으면 건강은 유지된다.

서 있는 것만으로도 운동이 된다. 따라서 경로석을 없애야 한다는 소리도 사실은 과학적인 근거가 있는 이야기다. 근육은 안 쓰면 급격히 위축된다.

| 100세까지 내 발로 걸어야

이제 우리는 '100세 시대'를 맞고 있다. 그때까지 내 발로 걸을 수 있어야 한다. 이는 삶의 질과 직결되는 중요한 문제다. 그러기 위해선 하지 근육이 튼튼해야 한다. 근육의 75퍼센트는 배꼽 아래에 있다. 특히 대퇴가 시작되는 골반 부위의 중심 근육이 튼튼해야 한다. 뒷심, 뚝심, 뱃심. 힘의 원천이 여기다.

왜 중심 근력인가. 여기가 튼튼해야 정력이 세지기 때문이다. 중심 근력이 약한 노인이 비아그라 먹고 용쓰다간 심장병이 올 수도 있다.

또한 여기 근육이 많아야 기초 대사와 에너지 소비가 높아져 균형 잡힌 몸매를 유지할 수 있다. 이게 젊음과 건강의 비결이다.

이곳을 튼튼히 하려면 걷기 전에 쪼그려 앉는 운동이 최고다. 우리 조상은 온종일 걷고 일할 때는 부엌일이든 밭일이든 쪼그려 앉아서 했다. 그러다 의자 생활을 하게 되면서 하지가 급격히 약해지기 시작했다.

미루지 말고 지금 당장 쪼그려 앉는 스쾃팅Squating 운동을 해 보자.

- 양팔을 앞으로 뻗어 균형을 잡는다.
- 엉덩이를 뒤로 쭉 빼고 아주 천천히 쪼그려 앉는다.
- 체중을 뒤축에 싣는다.
- 구부린 무릎 각도가 90도쯤 되게 한다.
- 앉은 자세에서 무릎이 발가락보다 앞에 나오지 않게 한다.
- 천천히 꾸부정한 상태까지 일어섰다가 다시 앉는다.
- 이 상태에서 천천히 열까지 세면서 세 번 반복한다.

| 땅을 밟고, 자연을 느낀다는 것

내가 처음 뉴욕에서 기가 질린 것은 그곳 아가씨들의 걸음걸이 때문이었다. 정장에 하이힐을 신고 또박또박 두 박자 걸음걸이. 가슴을 내밀고 멀리 앞을 보며 팔을 사뿐사뿐 흔들면서. 와우! 한마디 잘못 걸었다간 큰 봉변이라도 당할 것 같다. 당당하고 공격적인 모습이다.

노인들 역시 투박한 구두로 대지를 쾅쾅 구르며 마치 군대에서 행진하듯 '전진 앞으로!' 다. 씩씩하다. 힘찬 걸음에 바람이 인다. '저 기개로 세계를 정복했나 보다' 하면서 나는 그들의 걸음걸이에 은근히 기가 질렸다.

시골 우리 아낙네의 고무신, 짚신 걸음과는 너무 대조적이다. 우리는 사뿐사뿐 마치 땅과 조용히 대화라도 하듯 살살 걷는다. 게다가 짐을 등에 지고 머리에 이고 걷는다. 당연히 한 걸음 한 걸음이 조심스럽다.

똑딱거리는 두 박자가 아니라 발바닥 전체로 굴러가듯 걷는다. 중심이 뒤축에 있다. 뒤축이 제일 먼저, 그리고 바깥쪽 새끼발가락부터 엄지발가락 순으로 굴러가듯 걷는다. 요즘 마사이 워킹이 화제가 되고 있지만 이게 우리 조상의 걸음걸이다.

우리는 대지의 기운을 느끼면서 달래 가며 살금살금 걷는다. 쾅쾅 밟다간 자칫 지신(地神)이 놀랄지도 모르기 때문이다. 봄에는 더욱 조심스레 걷는다. 온갖 새싹이 땅속에서 움틀 준비를 하고 있기 때문이다. 임산부의 배 속처럼 말이다.

우리는 땅의 기운을 믿고, 땅이 생명의 근원임을 안다. 그래서 대지에 대한 외경심이 대단했다. 지력이 쇠하면 농사도 잘되지 않는다고 믿었다.

그리고 그건 사실이다. 지신이 노하지 않게 제사상을 차려 빌고 지신밟기를 했다. 땅과 함께 잘 살겠다는 간절한 기원이었다.

집도 온통 흙으로 이루어져 있었다. 흙 속에 묻혀 잘 보이지도 않는 땅 집이었다. 우리는 땅을 밟고 있을 때 정서적으로 안정되기 때문이다.

그래서 부자들은 땅에 가까운 아랫동네에 산다. 못사는 서민들의 달동네가 언덕배기에 생긴 사연이다. 서구에선 덩그러니 높은 언덕에 고급 주택이 들어서지만, 우리는 땅에 묻혀 보이지 않아야 아늑하고 따뜻했다.

우리는 땅의 기운, 곧 지기(地氣)를 느낌으로써 기력이 솟아났다. 걸음마다 대지의 기운을 느끼며 근심과 걱정을 다 털어 내고 행운과 복을 빌었다. 기왓장을 이고 탑돌이를 하는 풍습은 지금도 면면히 이어져 오고 있다.

우리 선마을에는 가방을 지게에 얹어 지고 가는 행사가 있다. 짐을 지고 걸으면 땅의 기운과 하반신의 충실감, 기력을 의식할 수 있다. 땅을 밟는 발바닥 감각이 예민해진다. 무릎으로 짐과 체중을 지탱하는 감각이 튼튼한 허릿심을 느끼게 해 준다. 짐을 지고 걷는다는 것은 독립된 어른으로서의 기본 훈련이었다. 우리는 어릴 적 모두 동생을 업어 키웠다.

참 중요한 수련 과정인데 딱하게도 이 행사는 큰 인기가 없다. 우선 지게를 지고 일어설 줄을 모른다. 겨우 일어서도 그만 뒤로 벌렁 넘어지고 만다.

백 살까지 걷고, 날씬한 몸매를 유지하고, 정력적인 생활을 하기 위해선 허리 근처의 중심 근력이 튼튼해야 한다. 뒷심, 뱃심, 뚝심.

한국인의 힘의 근원은 여기다. 여기를 강화하려면 땅의 기운을 받으며 허리와 하반신이 튼튼해야 한다.

유산소 운동과 무산소 운동의 황금 비율

다이어트와 함께 세로토닌 효과를 얻으려면 유산소 운동과 무산소 운동을 적절히 배합해야 한다.

① 걷기 전 팔 굽혀 펴기 30회, 바스트 업(Bast Up)을 상상하며 반복한다.

② 스쾃팅 10초씩 천천히 2~3회, 힙 업(Hip UP)을 상상하며 반복한다.

③ ①번과 ②번의 무산소 운동으로 성장 호르몬이 분비되고 지방 분해가 된다. 그러고 나서 걸으면 5분 후부터 지방 연소가 시작된다. 그냥 걸을 때는 20~30분 후부터 연소된다.

④ 세로토닌 워킹 15분. 그리고 15분 더 걷기. 합계 30분이면 충분하다.

'30분씩
100일의 노력'

만보기를 차고 걷는 사람들이 더러 있다. '기를 쓰고'란 표현이 잘못된 것이면 좋겠다. 어쨌거나 내 눈엔 그렇게 보이는 사람이 더러 있어 하는 소리다. 찡그린 얼굴에 억지로 걷는 게 역력하다.

만보기를 차고 심박수를 재 가며 칼로리를 계산하고……. 이건 스트레스다. 건강을 위해 걷는다지만 오히려 건강을 해칠 수 있다. 건강이 인생의 목표인 양 착각하고 있는 것은 아닌지 궁금하다. 건강은 잘 살기 위한 수단일 뿐 궁극적인 목표는 아니다. 건강 마니아들에게 하고 싶은 나의 충고다. 건강을 위해서라면 죽어도 좋다는 농담까지 있으니 하는 소리다.

뒤로 걷기, 파워 워킹, 레이스 워킹 등 다양한 걷기가 있지만, 어째 자연스럽지가 않다. 걷는다는 것은 일상생활의 가장 기본적인 운동이다. 또한 삶이란 리듬이고 조화이자 균형이다. 따라서 특별한 목적이 있는 게 아니라면 걸음도 보통 걷듯이 자연스러워야 한다. 억지로 하는 것은 순리가 아니다.

조깅만 해도 그렇다. 생각해 보라. 원시 시대 숲 속에 살던 인류가 달려야 할 일이 얼마나 있었겠는가. 동물이 갑자기 나타나거나 소나기를 피해야 할 때 잠시일 뿐 몇 시간씩 달려야 할 일이 있었겠는가. 그래서 인류는 사실 달리기에 적합하게 진화하지를 않았다.

이렇게 몸에 맞지 않는 일을 '건강'을 위해 무조건 하려다 보니 무리가 생기고 결국 포기하게 된다. 그뿐 아니다. 무리한 운동을 하면 허리와 무릎에 통증이 오고, 20~30분을 넘어 계속하면 피로가 온다. 이제 그만 쉬라는 신호다. 그래도 참고 무리하면 근육 피로가 쌓여 젖산이 대량 생성된다.

피로 물질인 젖산은 세로토닌 분비를 억제하기 시작한다. 이게 스트레스로 작용한다. 그리고 운동이 끝난 후 사지 근육으로 간 혈류가 내장 기관으로 돌아올 때 엄청난 활성 산소가 발생한다. 이게 노화를 촉진한다.

달리기가 뇌 활성에 얼마나 큰 도움이 되는지에 대한 학술적 연구는 잘 되어 있지 않다. 우리 상식과는 달리 스포츠가 건강에 좋다는 연구 역시 잘 안 되어 있다.

그러나 잊지 마라. 건강하게 장수하는 비결의 70퍼센트는 '밝고, 긍정적인 마음'에 있다. 그러니 걸을 때도 기분 좋게 걸어야 한다.

대사 증후군 위험이 있는 사람이라면 다소 무리를 할 수밖에 없다. 하루에 1만 보가 부족할 수도 있다. 근 단련도 더 많이 해야 한다. 하지만 그래도 즐겁게 해야 한다. 다리가 좀 뻐근해도 '그래, 이거야! 잘했어. 기분 좋은 피로가 오는군!' 이라고 근육이 말하는 것을 들을 수 있어야 한다.

결론은 즐거운 기분으로 해야 한다는 것. 휘파람 불며 자연스럽게 걷자. 억지로 팔을 높이 흔들어 댈 것도 없다. 있는 대로 걸어라. 자연스럽게 일상대로 걷자. 억지로 1만 보를 채울 필요도 없다. 싫으면 중간에 그만두면 된다.

우리는 하루 최소한 2000보는 기본으로 걷는다. 거기다 생활 속에서 자연스럽게 상쾌한 워킹 30분만 보태면 된다. 그 이상이면 피로해지고 짜증이 나기 시작한다.

걷기 시작해서 5분이면 세로토닌이 활성화되어 기분이 상쾌해진다. 조금만 주의를 기울여 걸으면 정말 행복해진다. 그렇게 걸어야 한다.

| 30분이면 행복해진다

대개 하루 2000~3000보는 기본적으로 걷기 때문에 피곤하지 않고 기분 좋게 걷는 세로토닌 워킹은 30분이 최적이고, 길어야 1시간이다. 일단 걷기 시작하면 5분 후부터 세로토닌이 활성화되면서 기분이 상쾌해진다. 그리고 차츰 올라서 20~30분이 되면 정점에 이른다.

그 효과는 길어도 1시간을 못 간다. 세로토닌이 그만큼 예민한 물질이기 때문이다. 싫은 일을 참고 억지로 하면 세로토닌 대신 노르아드레날린이 든 소포가 터지기 시작한다. 건강에 좋다고 억지로 무리를 하면 단련의 효과는 있겠지만, 사뿐하고 쾌적한 기분은 사라지고 만다.

선마을 세로토닌 캠프의 3대 원칙은 과학적이고, 쉽게 할 수 있으며, 재미있게 할 수 있는 것이어야 한다. 이곳에선 강의를 비롯한 식사, 명상 등 모든 프로그램이 30분을 기본 단위로 하고 있다. 그보다 길어질 때는 중간에 휴식 시간을 넣거나 미니 프로그램으로 뇌 회로를 잠시 바꾸어 기분 전환을 시킨다.

지루하고 짜증이 나면 그건 휴식이 아니다. 능률도 오르지 않는다. 무슨 일이든 종료 시간이 중요하다. 중요한 학회 발표도 질문과 토론 시간을 합해 20분에서 30분이 대부분이다. 청중들이 맑은 정신으로 집중할 수 있게 하기 위해서다. 재미있는 일도 좀 지쳤다 싶은 생각이 들면 일단 휴식을 취해야 한다.

즐거운 세로토닌 워킹도 물론 예외가 아니다. 실은 이와 같은 효과를 낼 수 있는 운동은 많다. 단 낯익은 것, 하기 쉬운 것, 단순한 것이어야 한다.

복잡하거나 따라 하기 힘들면 세로토닌 대신 노르아드레날린이 분비될 수 있기 때문이다. 단순한 리듬의 재즈 댄스나 에어로빅 같은 경우 누구나 무리 없이 따라 할 수 있고, 단순한 워킹보다 더 신나게 할 수 있다.

30분이 아쉽거나 운동 효과까지 기대한다면 자주 하는 것도 좋다. 실제로 30분의 워킹으로는 세로토닌 효과가 대개 2시간 이상 가지 않는다는 사실도 유념하기 바란다.

아침 일찍 일어나 출근길에 20분, 점심시간에 20분, 오후 3시경 휴식 시간에 20분 그리고 퇴근 후 20분이면 운동 효과 면에서 만점이다. 한 번에 오래 하기보다 짧게 자주 걷는 게 지방 연소 효과 면에서 더 좋다는 게 최근 보고다.

특히 퇴근 후 워킹은 세로토닌 생성을 촉진함으로써 취침 물질인 멜라토닌 합성을 잘하기 위한 것이어서 수면에 지장이 있는 사람에게는 필수적이다.

첫걸음이 중요하다

걸으면 기분이 좋아진다. 이는 뇌의 본능적 반응이다. 그런데 왜 우리는 그토록 걷기를 귀찮아 할까? 너무 편하고 게을러졌기 때문이다. 무엇보다 귀찮다. 할 일도 없이 괜히 왜 걸어? 이런 생각에 그만 눌러앉게 된다.

하지만 중요한 건 첫걸음이다. 일단 걷기 시작하면 우리 뇌에는 관성의 법칙이 있어서 계속 걷게 된다. 그리고 걸으면 세로토닌의 분비와 함께 가벼운 작업 흥분이 뇌 속에서 일어나 한결 걷기가 편해진다.

차츰 상쾌해지고 기분이 좋아진다. 이게 대뇌의 생리다. 이 정도는 누구나 할 수 있다. 지레 겁먹지 마라. 가슴에 손을 얹고 물어보

라. 정말 이 작은 실천이 그리 힘든가를.

딱 30분이다. 그 이상 할 필요도 없다. 30분만 하면 세로토닌 분비가 왕성해지면서 기분 좋은 상태가 된다. 이렇게 좋은 걸 왜 안 했나 싶은 후회마저 들 것이다. 한 번에 30분, 딱 3개월만 기분 좋게 계속해 보라. 안 하고는 못 배기는 습관이 생길 것이다. 건강한 습관이!

물론 안 하던 걸 하면 지겨운 생각도 들고 처음의 흥분이 가시면 매너리즘에 빠져 세로토닌 분비도 줄어들 수 있다. 컨디션이 처음 같지 않을 수도 있다.

이때가 고비다. '그만둘까?' 하는 생각이 들 수도 있다. 이 역시 생리적 현상임을 잘 이해하고 이 고비를 조심스럽게 넘기도록 하자. 성패는 여기서 갈린다.

우리 조상은 현명했다. 백일기도를 하면 무슨 소원이든 이루어질 것이라고 믿었다. 100일은 우리 뇌가 무언가를 습관으로 받아들이고 잠재의식으로 저장하는 기간이다. 그 100일 동안 정성스럽게 소원을 빌면 실제로 우리 뇌의 잠재의식은 그 방향으로 움직이게 되어 있다. 소원이 이루어진다는 희망을 품으면 그것이 이루어진 듯 행복 물질인 세로토닌이 분비된다.

기도하는 사람의 진지하고 편안한 모습을 보라. 우리 뇌 속에서 어떤 일이 일어나는지 전문가가 아니더라도 알 수 있을 것이다. 백일기도면 무슨 소원이든 이루어진다. 우리 조상의 슬기가 뇌 과학적으로 증명된 것이다.

걷는 자세를 보면 그 사람의 기분 상태를 알 수 있다.

우울증은 걸음걸이만으로도 진단이 된다. 어깨를 늘어뜨리고 고개를 깊이 숙인 채 힘없이 걷는다. 온몸에 맥이 없고 기운이 없어 보인다. 금방이라도 쓰러질 것 같다. 기분 좋은 일이 있는 사람과는 너무나 대조적이다. 데이트에 나서는 젊은이는 표정이 밝고 걸음걸이가 활기차다.

우리가 어떤 자세를 취할 때 뇌에선 무슨 일이 일어나고 있을까? 복싱 시합을 예로 들어 보자. 대결 중에 선수는 자세를 낮추고 웅크린다. 이건 모든 동물의 본능적 반응이다. 사자가 사슴 한 마리를 노릴 때도 풀숲에 잔뜩 웅크린 채 기다린다. 투쟁-도피의 비상사태다. 교감 신경의 흥분, 노르아드레날린의 분비. 임전 태세를 갖추어야 한다.

그러다 휴식 벨이 울리면 선수는 주먹을 내리고 웅크린 자세를 반듯하게 편다. 심판이 시키는 것도 아닌데 절로 그렇게 된다. 비상사태가 끝나고 휴식 상태로 들어가는 것이다. 찡그린 얼굴이 펴지고 가쁜 숨도 조절되면서 편안한 자세가 된다. 바로 세로토닌 상태다.

한국 최초의 우주인 이소연 박사의 강연에서 인상 깊은 이야기를 들었다.

"지구 위 대지를 밟고 산다는 게 얼마나 고마운 일인지 몰라요. 우주에선 불과 몇 걸음 안 되는 화장실에 가는 일조차 너무나 힘들었어요. 붕 떠 있는 우주 유영이 그렇게 부러웠는데 말이에요."

그러나 우울증 환자들이나 풀 죽은 젊은이들의 축 늘어진 어깨를 볼 때마다 나는 중력의 위력을 새삼 느끼게 된다. 평소에는 못 느끼고 살지만 우리 몸은 엄청난 중력에 대항하며 겨우 지탱하고 있는 것이다.

그 주력 부대가 근육, 특히 항중력근이다. 항중력근은 중력 방향에 대항해서 자세를 반듯하게 유지하는 데 필요한 근육이다. 목이나 등의 배골 주위, 하지와 안면, 눈 주위 근육 등이 대표적이다.

무슨 이유에서든 이 근육에 힘이 빠지면 보기에도 참담한 모습이 된다. 등은 굽고, 어깨는 축 늘어지며, 얼굴은 생기와 윤기가 없고 사색이다.

세로토닌 결핍 때문이다. 세로토닌은 이들 항중력근의 운동 신경을 자극하고 흥분시켜 적정한 긴장을 유지하게 한다. 이럴 때 탄력 있고 아름다운 얼굴이 된다.

이를 위한 명약이 바로 워킹이다. 반듯한 자세로 사뿐히 걸으면 세로토닌이 분비되면서 온몸에 적절한 긴장을 주어 생동감이 살아나고 얼굴에 생기가 돈다. 우울증 치료에 이보다 이상적이고 효과적인 치료법은 없다.

| 항상 반듯한 자세를

교실에 선생님이 들어오면 '차렷, 경례!'를 한다. 순간 학생들은

자세를 반듯하게 한다.

단지 예의를 갖추기 위한 것만은 아니다. 휴식 시간에 뛰어놀던 교감 신경의 흥분과 노르아드레날린 상태를 진정시켜 편안한 마음으로 공부할 수 있는 자세를 갖추기 위해서다.

이게 세로토닌 상태라는 점은 더 이상 설명이 필요 없을 것이다. 이런 상태에서는 적당한 각성과 긴장으로 주의 집중과 기억력이 좋아져 학습 효과가 향상된다.

옛날 서당에선 서생들이 자세를 반듯하게 하고 몸을 흔들며 소리 내어 글을 읽었다. 나는 지금도 '하늘 천, 따 지' 하면 절로 자세가 반듯해지고 몸을 흔들며 소리를 내어 읽게 된다. 어릴 적 습관이 몸에 밴 탓이다.

반듯한 자세를 하고 리듬 운동을 하며 소리 내어 읽으면 몇 배 더 잘 기억된다는 것이 실험적으로 증명되었다. 세로토닌 효과가 상승 작용을 일으키기 때문이다. 명상에서 반듯한 자세를 강조하는 것도 같은 이유에서다.

이처럼 마음 상태와 자세는 밀접한 관련이 있다. 그리고 중요한 건 마음이 자세를 만드는 것처럼 자세가 마음을 만든다는 사실이다. 이게 심신의 양 방향성이다.

기분이 좋으면 절로 어깨가 펴지고 자세가 반듯해진다. 반대로 어깨를 펴고 자세를 반듯이 하면 기분이 좋아진다.

침울하거나 걱정이 있을 때 어깨를 펴고 가슴을 활짝 연 다음 허리를 반듯이 세우고 활기차게 걸어 보라. 가벼운 웃음이 머금어지

면서 순간 기분이 밝아지는 것을 느낄 수 있을 것이다. 참으로 신기
한 일이다.

이런 효과야말로 세로토닌 워킹의 백미다. 이보다 더 좋은 치유
제는 없다. 누구나 쉽게 할 수 있는 일이면서도 효과가 빠르다.

습관 고치기의 네 가지 문턱

습관을 바꾸는 데는 몇 차례의 고비가 있다.

① 작심삼일 : 이게 첫 고비다. 부신피질 호르몬이 바닥나는 시점이다.

② 3주 : 새로운 습관의 틀이 잡혀 간다.

③ 100일 : 습관이 자리 잡는다.

④ 1년 : 생리적 변화와 함께 새로운 습관대로 하지 않으면 오히려 불편해지
　는 단계다.

발로 뇌를 자극하는 걷기의 과학

세로토닌 분비를 촉진하고 또 이를 활성화하려면 생존을 위한 3대 리듬 운동인 걷기 · 호흡 · 씹기를 잘하고, 햇빛 · 사랑 · 군집 본능을 충족시켜야 한다. 이 중에서 세로토닌 결핍의 가장 큰 원인이 걷기 부족이다.

우리의 일상생활을 보라. 한 블록도 걷지 않는다. 학자들은 하루에 1만 보는 걸어야 한다고 추천하지만 요즈음 우리는 겨우 2000보. 특히 자가용족은 걸으면 무슨 큰 문제라도 생길 것처럼 겁을 집어먹는다. 가히 워킹 공포증이다.

백화점, 고속도로 휴게소에서 당신은 어디에 주차하는가? 물어보나 마나다. 입구에서 제일 가까운 곳이다. 빈자리가 없으면 몇 바퀴를 도는 사람도 있다.

그러다 차 사이에서 아이라도 튀어나와 보라. 등에 식은땀이 흐른다. 이럴 때 운전자의 심장, 아니 온몸은 박살이 난다.

차 안에 웅크린 채 오래 앉아 있노라면 발이 부어 신발이 들어가지 않는다. 임파, 정맥혈이 정체되어 있기 때문이다. 이럴 때는 핏덩어리가 뭉쳐 심장이나 뇌의 작은 혈관을 막아 버릴 수 있다. 결과는 매우 끔찍하다.

주차장에 들어서면 바로 보이는 널찍한 공간에 주차를 하자. 매장까지 50미터는 족히 걸어야 한다. 그래야 다리에 정체된 임파나 정맥혈의 울혈이 다 풀린다. '주차는 멀리'라는 원칙 하나만 지켜도 5년은 젊게 산다.

차라는 괴물이 등장하면서 현대인은 걷지 않게 되었다. 특히 우리는 뒤늦게 마이카족이 되면서 워킹 공포증이 더욱 심해졌다. 어렵게 구한 차를 두고 걷는다는 게 왠지 큰 손해라도 보는 것만 같다. 하지만 잊지 마라. 인간에게 걷는 것은 본능적인 행위다.

동물의 왕국, 세렝게티를 본 적이 있을 것이다. 지금도 마사이족은 지팡이 하나 달랑 들고 야수가 우글거리는 그 정글 속에서 살고 있다. 어떻게 저 속에서? 하지만 그들은 겁도 없이 돌아다닌다.

그리고 이들 모두는 팔등신 미인이다. 그뿐인가. 지구상에 소위 생활 습관 병이 가장 적은 민족이다. 태양 아래 바람을 맞으며 땅을 딛고 사는 민족이기 때문이다. 인류의 조상은 모두 이 아프리카 사바나에서 300만 년을 살았다. 그곳에는 차가 없다. 먹이를 구하기 위해선 걸어야 한다. 냉장고가 없으니 겨우 한 끼 먹을 것만 구해 와야 한다. 더운 지방이라 바로 썩기 때문이다. 한 끼 겨우 먹고는 저녁거리를 구하러 또 나가야 한다.

배불리 먹을 것도 없는 그 열악한 환경에서 인류가 생존할 수 있었던 것은 소식다동, 즉 적게 먹고 많이 움직였기 때문이다. 걷지 않으면 생존이 불가능했으니 걷는 일은 인류의 숙명이었다. 따라서 원래 걷는 게 즐겁도록 우리 유전 인자에 설계되어 있다.

걷지 않으면 굶어 죽게 되어 있는데 그게 요즈음 우리처럼 그렇게 싫고 힘들게 느껴졌다면 인류는 멸종하고 말았을 것이다. 모든 본능이 그러하지만 걷는 것도 즐거운 일이다.

하지만 차라는 마물이 등장하면서 인간은 게을러지기 시작했다. 아직도 DNA는 사바나에 살던 그대로인데 편하게 지내도 별 탈이 없으리라 기대하는 것은 망상이다.

요즘 우리를 보라. 암, 심장병, 당뇨 등 소위 죽음의 삼중주라 불리는 이 끔찍한 병들을 달고 산다. 세상 돌아가는 모습도 험하고 거칠기만 하다. 이 모두가 걷지 않아 생기는 세로토닌 결핍증에서 비롯된다는 사실을 유념해야 한다.

세로토닌 워킹, 5분만 걸어도 기분이 상쾌하고 사뿐하다. 이런 기분은 따뜻한 욕탕에서 나온 뒤 느끼는 느긋하고 편안한 기분과는 사뭇 다르다. 이런 미묘한 차이는 뇌파에서도 다르게 나타난다. 각성시 뇌파는 빠른 베타파지만 눈을 감으면 곧바로 알파파가 나타난다. 이때는 8~10헤르츠의 느린 알파파다.

세로토닌 워킹이나 명상 호흡을 하면 7분 후엔 느린 알파파가 사라지고 대신 10~13헤르츠의 빠른 알파파가 나타나기 시작한다. 그리고 15분 후 피크를 이루다가 점점 하강해 30분이면 거의 평상으로 돌아온다. 아리타 교수의 명발견이다.

느린 알파파는 목욕 후에 느껴지는 느긋함과 편안함, 빠른 알파파는 명상 호흡 후에 느껴지는 상쾌함과 사뿐함을 가져다준다.

| 워킹은 뇌를 위해

기어 다니던 아기가 어느 날 일어선다. 몇 번씩 넘어지다 기어이 제 발로 일어선 순간 그 아기의 표정을 보라. 손뼉을 치고 탄성을 지르며 마치 우주라도 정복한 듯 환희에 넘친다. 아기가 비로소 인간이 되는 순간이다.

인류의 진화 과정에서 '뒷발로 똑바로 서서 걷는 능력'을 획득했다는 것은 위대한 발전이다. 다른 동물과의 차이는 여기서 비롯된다. 다른 동물에 비해 인간의 뇌는 아주 크기 때문에 무게를 지탱하기 위해선 두 발로 서서 걸을 수밖에 없었다. 그럼으로써 인간 뇌는 점점 더 비약적인 발전을 이루게 되었다. 따라서 걷기는 뇌에 필수적인 운동이다.

워킹은 다른 무엇보다 뇌를 위해 하는 운동이고 자극이다. 걸으면 리드미컬한 진동이 기분 좋게 뇌간을 자극해 세로토닌 분비를 촉진한다.

뇌는 마치 물에 뜬 두부와 같아서 가벼운 흔들림으로 자극을 받아 활성화된다. 걷지 않으면 뇌가 퇴화될 수밖에 없다. 따라서 건강한 뇌를 지키기 위해선 워킹이 필수 중 필수다.

미국치매협회에서 발표한 뇌를 지키는 10계명 가운데 가장 강조되는 항목이 바로 '하루 30분은 걸어라' 다.

걸을 때는 주로 하반신 근육을 사용하게 되므로 혈액 순환이 잘 된다. 발이 마치 우유를 짜는 것과 같은 밀킹 액션 Milking Action이 되어 심장을 튼튼히 하고 노인들의 정체된 혈류 운동을 촉진시킨다. 그 결과 산소와 당이 뇌에 많이 공급됨으로써 건강한 뇌를 유지할 수 있는 것이다.

워킹이 치매 예방이나 치료에 결정적인 역할을 한다는 건 긴 설명이 필요 없다. 결론적으로 워킹은 뇌를 위한 것이다.

| 세로토닌 워킹의 구체적 실천

지금까지의 워킹이 주로 몸을 위한 것이었다면, 세로토닌 워킹은 마음도 좋게 하는 심신(心身) 운동이다. 걷기만 해도 세로토닌은 분비되지만 이를 더욱 활성화하기 위해선 뇌 과학적 기법이 필요하다.

아프리카에서 사냥을 떠나는 원주민을 상상해 보라. 많이 잡아야지. 가슴이 설렌다. 어디에 숨었을까? 주의를 집중한다. 저기다! 사뿐사뿐 숨을 죽여 다가간다. 인류의 세로토닌 워킹은 이렇게 시작된 것이다. 이를 체계적으로 정리해 보면 다음과 같다.

• 평소보다 조금 빠르다 싶게, 보폭도 약간 넓게 걷는다.

- 가슴을 펴고 허리와 등은 반듯하게 한다.
- 호흡은 아랫배로 보조에 맞추어 세 번 내쉬고 한 번 들이마신다.
- 뺨을 스치는 바람, 낙엽 밟는 소리 등에 주의를 집중한다.
- 잘 안 되면 MP3로 세로토닌 음악에 집중한다.
- 이대로 5분만 걸으면 행복 물질 세로토닌이 분비되고, 15분 후에는 최고조가 된다.

※ 세로토닌 음악을 다운로드 하고 싶으면 웹사이트 www.serotonin.or.kr를 방문, '세로토닌 뉴스' 메뉴를 클릭하면 된다(본 정보는 운영 책임자인 아리타 교수의 동의를 받고 공개하는 것이다).

| **Serotonin Point** |

빠르게 변하는 세상, 평생 현역으로 뛰려면

요즘은 나이 들어 뒷방에 앉아 기침한다고 밥상 차려다 바치지 않는다. 나는 졸저 《에이징 파워》에서 '80세 현역론'을 역설한 바 있다. 하지만 이젠 '평생 현역'으로 뛰어야 한다. 세상이 놀라울 정도로 빨리 변해 가고 있기 때문이다.

평생 현역의 조건은 첫째, 백 살까지 내 발로 걸을 것, 둘째 뇌 관리를 잘해서 치매에 안 걸릴 것, 셋째 할 일이 있을 것 등이다.

당신은 평생 현역으로 뛸 준비가 되어 있는가?

몸과 마음을 깨우는 세로토닌 스트레칭

하루의 성패는 아침 5분에 달려 있다. 해가 떠올라 망막에 빛이 들어오면 수면 호르몬인 멜라토닌이 줄어들고 서서히 세로토닌이 활성화된다. 멜라토닌-세로토닌 스위치가 잘 일어나야 하루가 부드럽게 시작될 수 있다.

잠에서 깨어나면 기분 좋은 소리와 함께 기지개가 절로 켜진다. 본능적인 반응이다. 잘 잤으니 일어나라는 신호다. 이때부터 세로토닌이 본격적으로 분비되기 시작한다. 기지개를 켜면서 '아, 상쾌하다!'라고 외쳐라. 세로토닌 효과가 배가된다. 그날 하루의 첫마디이기 때문이다. 첫말을 기분 좋게 해야 기분 좋은 하루가 시작된다.

문제는 잠을 잘 못 잔 경우다. 아직 몸은 더 자야 하는데 기상 시간이다. 일어나려니 컨디션이 영 안 좋다. 전혀 일어날 준비가 안 되어 있는 것이다. 아직 멜라토닌 상태다. 기상 시간인데도 기지개가 안 나온다. 피로가 덜 풀려 더 자야 하기 때문이다. 하지만 미적거릴 형편이 아니다. 그럴 때는 안 나오는 기지개라도 켜야 한다. 그래야 잠이 깬다. 물론 숙면 후 절로 나오는 기지개처럼 시원하고 상쾌하지는 않다. 그래도 기지개를 켜면 한결 사뿐해진다. 세로토닌 분비가 시작되기 때문이다.

숙면이나 기지개만으론 충분하지 않다. 스트레칭까지 해 주어야 한다. 아침 스트레칭을 하면 멜라토닌-세로토닌 스위치가 원활하게 이루어져 각성이 잘되기 때문이다. 스트레칭을 하면 큰 근육 속의 근방추가 자극되고, 간뇌의 망양체(RAS)

까지 자극되어 각성이 된다. 근방추는 통각 말초와 나란히 있기 때문에 스트레칭을 하면 은근히 아프면서 기분이 상쾌해진다.

잠에서 깨면 자는 동안의 부교감 우위에서 활동기의 교감 우위 노르아드레날린으로 바뀌어야 하는데 이게 갑자기 이루어지지 않는다. 세로토닌 활성화는 엔진의 예열과 같다. 시동을 걸고 바로 출발하면 엔진에 무리가 오기 때문에 예열을 해 주듯이 우리 몸도 스트레칭으로 워밍업을 해 주어야 한다.

내가 권하는 세로토닌 스트레칭 방법은 다음과 같다.

첫째, 이부자리 속에 반듯이 누워 기지개를 켜고, 다리는 쭉 뻗은 채 발 끝을 몸 쪽으로 당긴다. 무릎을 세우고 엉덩이를 들어 복근을 늘리고, 다시 엉덩이를 바닥에 붙인 채 다리와 상체를 든다. 한쪽 다리를 들고 반대쪽으로 틀어 몸을 비튼다.

둘째, 엎드려서 팔로 몸을 버티며 막대 자세를 한 뒤 팔 굽혀 펴기를 한다.

셋째, 꿇어앉아 팔을 앞으로 쭉 뻗치고 엉덩이를 뒤로 빼며 몸을 늘린다.

넷째, 침대에서 내려와 창문을 열고 물을 한 컵 마신 뒤, 목 운동과 스콰팅 운동을 한다.

다섯째, 호흡으로 정리를 한다.

복잡해 보이지만 5분이면 된다. 이게 당신의 하루를 좌우한다.

행복해지려면 먼저 버려라

시베리아 바이칼 호 아른 섬에 털썩 주저앉아 이 글을 씁니다. 이곳이 조선족의 시원일 것이라는 문화 인류학자의 말에 공감이 갑니다.

그래서일까, 그 길고 먼 여정에도 전혀 피곤함이 느껴지지 않습니다. 몽골을 거쳐 시베리아 초원을 끝없이 달리는데도 어느 한순간 지루함이 없습니다. 이렇게 이상하리만큼 신비스러운 기운이 어디서 오는 것일까요?

까마득히 먼 옛날 우리 조상은 이 드넓은 초원을 달렸을 것입니다. 눈을 감으면 온몸에 가벼운 전율이 일어납니다. 이게 영성의 울림입니다. 뇌 과학적으로는 변연계의 공명, 신피질과는 관계없는, 보다 순수한 동물 뇌, 변연계에 울림이 오는 순간입니다.

많은 한국 작가가 이 먼 곳까지 찾아오는 이유를 알 것 같습니다. 여기 머물던 시인 김지하의 독백이 새삼스럽게 다가옵니다.

'문제는 인간이지 이데올로기가 아니다.'

깊이가 있고 무게가 실려 있습니다. 한민족의 핏줄을 타고난 사람이라면 누구나 여기서 깊은 영적 교감을 느낄 수 있을 것입니다. 한국 무당의 원형이요, 뿌리니까요.

당신이 지금 어떤 종교적 배경을 가졌든 우리 민족의 기본적 심성은 무교적 기질임을 부인하기는 어렵습니다. 가무를 즐기고 신명을 즐기는 민족. 일본이나 중국에는 없는 한류 열풍의 기원도 여기서 비롯됐다고 봅니다.

아론 섬에 앉아 바이칼 호의 심연을 바라보고 있노라면 형언할 수 없는 무거운 침묵이 온몸을 짓누릅니다. 영혼의 울림, 영적 공감이지요. 현대 문명, 산업 사회의 치열한 경쟁이 빚어낸 정신적 오염을 털어 내는 해독·정화 작업이 일어나고 있습니다. 먼 조상과의 교감으로 내 영혼이 맑아집니다.

| 내면 다시 돌아온다

바가지에 담긴 더러운 물을 깨끗이 하려면? 제일 간단한 방법은 더러운 물을 버리고 깨끗한 물을 다시 담는 것입니다. 더러운 물을 그대로 둔 채 맑은 물을 아무리 부어도 물은 맑아지지 않습니다.

방이 너저분하면 잡동사니부터 치우고 버려야 깨끗해집니다. 지치고 피곤할 때는 어떻게 해야 할까요? 휴! 크게 숨을 내쉬면 한결 기분이 나아집니다. 몸속에 가득 찬 피로 물질을 토해 냈기 때문이지요.

모든 것은 내는 게 먼저입니다. 그것이 세상의 이치. 호흡도 내쉬는 호기가 먼저고, 다음이 들이쉬는 흡기입니다. 내면 자연히 들어오는 게 호흡의 이치. 명상 호흡을 해 보면 더욱 분명해집니다. 아랫배를 등 쪽으로 밀며 끝까지 다 내쉬고 나면, 절로 흡기가 됩니다. 내쉬는 호기는 의식적으로 하지만 흡기는 절로 됩니다.

세상 모든 일이 이와 다르지 않습니다. 문으로 나다닐 때도 '출입(出入)'. 나간 뒤 들어오는 게 순서지요. 승강기나 기차 등 모두 먼저 내린 후 들어가는 게 순서입니다. 주고받는 것이지, 받고 주는 게 아닙니다. 서양의 기브앤테이크Give And Take도 마찬가지. 어떤 문화권에서도 이 원칙은 철저합니다. 내면 자연히 돌아옵니다. 내가 짜증을 내면 상대도 짜증스러운 반응으로 돌려주지요. 내가 웃으면 상대도 웃습니다. 참으로 간단한 세상의 이치입니다.

그러니 행복해지려면 먼저 마음속의 부적절한 감정이나 생각부터 버려야 합니다. 화, 시기, 질투, 미움, 근심, 걱정 등 영혼의 쓰레기부터 버려야 합니다. 쉬운 일은 아니지만 이러한 청소 작업 없이는 불행의 굴레에서 벗어날 수 없습니다.

이게 행복의 계단이요, 순서입니다. 그가 선물을 안 줘서 서운한가요? 생일도 안 챙겨 주어 불행한가요? 그가 나를 불행하게 만들었다고 생각하지만, 불행의 진원지는 바로 내 마음입니다. 해 주길 기대했는데 안 해 주니 불만스럽고 불행하지요. 내 '기대'가 나를 불행하게 만든 원흉인 것입니다.

플러스 감정이든 마이너스 감정이든 매일 조금씩 마음속에 축적

되는 게 있습니다. 처음에는 서운하던 감정이 기대대로 해 주지 않으면 미움으로, 그리고 불행으로 쌓여 갑니다.

그렇다면 행복해지는 순서는? 긴말이 필요 없고 복잡하게 생각할 것도 없습니다. 대답은 간단합니다. 그가 해 준 것을 생각해 보는 것이지요.

'그래도 생일인데, 선물이 지나친 기대인가?' 라고 반문할 수도 있습니다. 생일에 선물을 하는 것은 누가 정한 규칙인가요? 그래야만 한다는 게 누구의 생각인가요? 남들 모두 하니까? 그런 틀부터 버려야 합니다. 틀에 얽매이면 피곤해지고 불행해집니다. 그것을 버리는 순간, 당신은 자유롭고 가벼워질 것입니다.

오늘은 버리는 날. 딱 버리고 체념하면 시원해집니다. 당신은 그 순간 다시 행복의 파랑새가 될 것입니다.

세로토닌적으로 산다는 것

이시형 박사께서 새로 책을 내신다니 참으로 기쁩니다. 이 박사와 나의 인연은 뇌 내 물질 세로토닌이 이어 준 것이라 할 수 있습니다. 나는 일본에서, 이 박사는 한국에서 세로토닌이 인간 건강에 미치는 중요성을 연구, 전파하고 있습니다.

한국을 방문했을 때 이 박사가 촌장으로 활동하고 계신 힐리언스 선마을에서 이틀 동안 머문 적이 있습니다. 생활 전반에서 세로토닌을 체험하도록 잘 꾸며진 선마을에서 우리는 세로토닌적 사고방식과 생활 패턴에 대해 많은 이야기를 나누었습니다. 나 또한 동경에 세로토닌 체험장을 열어 좌선호흡법, 아로마 테라피, 요가, 워킹법 등을 알리고 있습니다. 이러한 방법을 통해 우리는 약 없이도 자연스럽게 뇌 속 세로토닌 분비량을 늘릴 수 있습니다.

오늘날 일본과 한국은 모두 우울증으로 인한 자살이 늘어나는 등 커다란 사회 문제를 겪고 있습니다. 그 원인은 바로 세로토닌 신경을 약하게 만드는 현대인들의 나쁜 생활 습관입니다. 이 생활 습관을 극복하려면 세로토닌적 생활을 실천하는 것이 가장 좋습니다.

많은 사람에게 이러한 사실을 알리기 위해서는 체험장에서 직접 보여 주고 지도하는 것도 좋지만, 그 원리를 쉽게 풀어서 설명해주는 책이 필요하다고 봅니다. 나 역시 그런 의미로 집필 활동을 계속하고 있습니다.

이 박사의 이번 책 역시 세로토닌 결핍으로 고통받는 한국인들에게 반드시 도움이 될 것이라고 확신합니다.

아리타 히데오
토호 대 의학부 교수

李先生が新しく本を出されることを心よりお慶び申し上げます. 私たちはセロトニンという脳内物質で結びついています. 私は日本で, そして李先生は韓國で, セロトニンがメンタルヘルスに重要であることを, 社會に向かって傳えています. 私は昨年韓國を訪問し, 李先生とセロトニン的価値觀, セロトニン的生活について, 二日間に渡って語り合いました. その場所は, 李先生がセロトニン的生活を人々に體驗してもらうために仙村に開いたHIELIENCEという施設でした. 私も東京にセロトニン道場を開設していて, 坐禪の呼吸法アロマによるエステセラピー, ヨガ, ウオーキング指導などを行っております. これらの技法は, 藥に頼らずに, 自らの力で, 脳内セロトニンを増加させることを目的にしています. 今, 日本も韓國もうつ病で自殺する人が非常に増加して社會問題になっていますが, その原因はセロトニン神經を弱らす現代の生活習慣にあります. この生活習慣病を克服するためには, セロトニン的生活を實踐するのが最善の道です. このことを多くの人に理解してもらうためには, 實踐指導するだけではなく, 分かり易い解說書が必要で, 私も日本の讀者に向けて本を書いてきています. 李先生が今回出される本も, セロトニン欠乏脳に悩む韓國の人々に必ず役に立つものであるを確信しております.

有田秀穂

東邦大學醫學部統合生理學敎授

참고 문헌

- 노성규, 〈세로토닌 슈즈 착용이 혈중 세로토닌분비와 성장호르몬, 활성산소, 면역체 그리고 운동수행능력과 스트레스지수에 미치는 영향〉, KNU 강원대학교 스포츠과학연구소, 2010.
- 양병환, 《세로토닌과 정신의학》, 한양대학교 정신건강연구소 및 의과대학 신경정신과학교실, 1997.
- 민성길 외, 《최신정신의학》, 일조각, 2006.
- 이시형, 《공부하는 독종이 살아남는다》, 중앙북스, 2009.
- Cordelia Fine, *A MIND OF ITS OWN : How Your Brain Distorts and Deceives*, Cordelia Icon Books, 2006.
- Marci Shimoff, *Happy for No Reason*, Simon&Schuster,Inc, 2008.
- 鈴木 映二(すずき えいじ), 《セロトニンと神經細胞・脳・藥物》, 星和書店, 2000.
- 有田 秀穂(ありた ひでほ), 《ストレスに強い脳 弱い脳》, 青春出版社, 2009.
- 有田 秀穂(ありた ひでほ), 《歩けば脳が活性化する－お遍路さんは何故歩くのか？》, WAC, 2009.
- 有田 秀穂(ありた ひでほ), 《簡単にできる! セロトニン「脳」活性法, 大和書房》, 2007.
- 有田 秀穂(ありた ひでほ), 《セロトニン脳トレーニング》, MCプレス, 2008.
- 有田 秀穂(ありた ひでほ), 《セロトニン「脳」健康法》, 講談社＋α新書, 2009.
- 井上 ウィマラ, 《呼吸を感じるエクササイズ》, 岩波書店, 2004.
- 霜田 里繪, 《40のエクササイズで魅力的な女性になれる! ‘美人脳’のつくりかた》, マガジンハウス, 2009.
- 大島 淸, 《歩くとなぜいいか？》, PHP研究所, 2004.
- 大島 淸, 《「脳年齢」が若くなる生き方》, 新講社, 2006.
- 茂木 健一郎(もぎ けんいちう), 《脳を活かす生活術》, PHP研究所, 2009.
- 米山 公啓, 《病氣にならない 歩く習慣》, 中經出版, 2009.
- 石浦 章一(いちうら・しょういち), 《いつまでも‘老いない脳’をつくる10の生活習慣》, WAC, 2008.

세로토닌하라 | 리커버 특별판

초판 1쇄 | 2010년 7월 15일
개정판 1쇄 | 2025년 9월 15일

지은이 | 이시형

발행인 | 박장희
대표이사 겸 제작총괄 | 신용호
본부장 | 이정아
책임편집 | 최민경
기획위원 | 박정호
마케팅 | 김주희 이현지 한륜아

표지디자인 | 변바희
본문디자인 | Design Boom
교열교정 | 신윤덕
일러스트 | 문수민
사진 | F1 최상규

발행처 | 중앙일보에스(주)
주소 | (03909) 서울시 마포구 상암산로 48-6
등록 | 2008년 1월 25일 제2014-000178호
문의 | jbooks@joongang.co.kr
홈페이지 | jbooks.joins.com
인스타그램 | @j__books

ⓒ이시형, 2010

ISBN 978-89-278-1344-6 03320